A Pode Chef

rosa

E OUTRAS MAFIOSAS

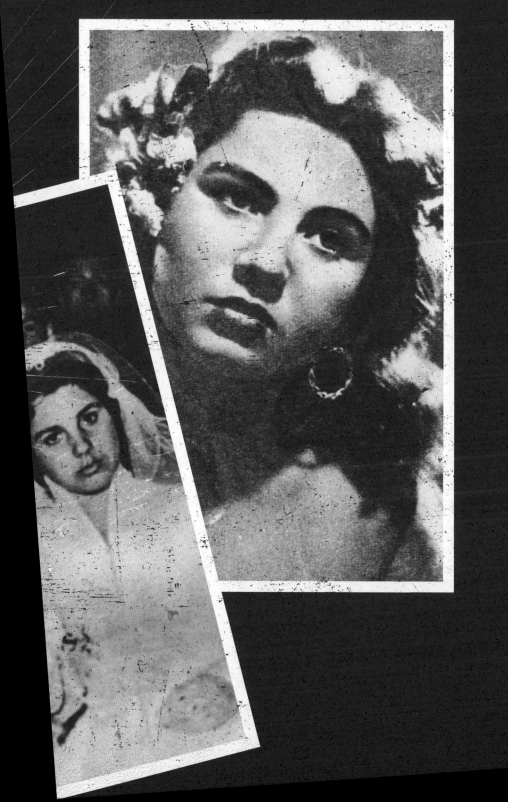

CRIME SCENE
DARKSIDE

THE GODMOTHER: MURDER, VENGEANCE, AND
THE BLOODY STRUGGLE OF MAFIA WOMEN
Copyright © 2022 by Barbie Latza Nadeau

Portuguese translation rights arranged
through Vicki Satlow of The Agency SRL

Todos os direitos reservados.

Tradução para a língua portuguesa
© Lucas Magdiel e Mayra Vieira Borges, 2024

Diretor Editorial
Christiano Menezes

Diretor Comercial
Chico de Assis

Diretor de Novos Negócios
Marcel Souto Maior

Diretora de Estratégia Editorial
Raquel Moritz

Gerente Comercial
Fernando Madeira

Gerente de Marca
Arthur Moraes

Editora Assistente
Jéssica Reinaldo

Capa e Projeto Gráfico
Retina 78

Coordenador de Diagramação
Sergio Chaves

Preparação
Isadora Torres
Verena Cavalcante

Revisão
Dayhara Martins
Lucio Medeiros
Retina Conteúdo

Finalização
Sandro Tagliamento

Marketing Estratégico
Ag. Mandíbula

Impressão e Acabamento
Gráfica Geográfica

DADOS INTERNACIONAIS DE CATALOGAÇÃO NA PUBLICAÇÃO (CIP)
Jéssica de Oliveira Molinari - CRB-8/9852

Nadeau, Barbie Latza
 A Poderosa Chefona e Outras Mafiosas / Barbie Latza Nadeau;
tradução de Lucas Magdiel, Mayra Vieira Borges. — Rio de Janeiro:
DarkSide Books, 2024.
 224 p.

 ISBN: 978-65-5598-450-7
 Título original: The Godmother: Murder, Vengeance, and the Bloody
Struggle of Mafia Women

 1. Máfia – Itália 2. Mulheres 3. Maresca, Pupetta, 1935-2021
 I. Título II. Magdiel, Lucas III. Borges, Barbie Latza

23-2636   CDD 364.106

Índices para catálogo sistemático:
1. Máfia – Itália

[2024]
Todos os direitos desta edição reservados à
DarkSide® Entretenimento LTDA.
Rua General Roca, 935/504 — Tijuca
20521-071 — Rio de Janeiro — RJ — Brasil
www.darksidebooks.com

A Poderosa Chefona

E OUTRAS MAFIOSAS

Barbie Nadeau

Uma história real de família, vingança e poder.

TRADUÇÃO
LUCAS MAGDIEL e
MAYRA VIEIRA BORGES

DARKSIDE

*Dedicado ao meu amigo e mentor, Chris Dickey,
que, infelizmente, não está aqui para ler o livro
que ele me inspirou a escrever.*

Sumário

Nota da Autora 13

Na Cozinha de Pupetta *18*
Na Escola do Crime *38*
Os Bravos e as Mansas *58*
Sexo, Honra & Morte *82*
Até que a Morte nos Separe *106*
Pais Tóxicos *122*
Drogas, Armas & Ácido *136*
O Pecado da Confissão *152*
A Fuga Mortal *166*
Poucas e Boas *180*

Agradecimentos *197*
Referências *200*
Cinematografia Mafiosa *204*

A Poderosa Chefona
E OUTRAS MAFIOSAS

Nota da Autora

Para efeitos deste livro, as "poderosas chefonas" são as filhas, irmãs, mães e esposas de mafiosos. São raras as exceções de mulheres dentro de famílias criminosas que não tenham crescido no seio de uma ou se afiliado a alguma família.

Refiro-me a todos os grupos do crime organizado na Itália como "máfia" ou "organizações criminosas". Por definição, só existe uma máfia de fato, que é a Cosa Nostra na Sicília. Entretanto, até o judiciário italiano utiliza genericamente o termo "máfia", em minúsculas, e entende que homens e mulheres, de todos os grupos, podem ser acusados de crimes relacionados à máfia nos termos do artigo 41-b, que permite penas de prisão perpétua para delitos relacionados à máfia, a menos que o criminoso colabore com as autoridades, tornando-se delator, *pentito* ou *pentita*. A lei passa por uma revisão após o Tribunal Europeu dos Direitos Humanos considerar que violava os direitos humanos, e a Suprema Corte italiana julgou-a como inconstitucional.

A 'Ndrangheta fica na parte mais ao sul da Calábria, no bico da bota da Itália, e é composta por *'ndrina* ou *'ndrine*, que, em geral, são grupos de base familiar.

A Cosa Nostra é também chamada de Máfia Siciliana e é o grupo mais conhecido. Situada na ilha da Sicília, é dirigida por um *Capo dei Capi* ("chefe de chefes") no topo de uma estrutura piramidal que controla os níveis hierárquicos da *cosca*, ou clãs familiares. Possui ligações com as principais famílias do crime dos Estados Unidos, embora, em tempos recentes, a 'Ndrangheta também tenha se infiltrado, com grande sucesso, em países como Estados Unidos, Canadá e Alemanha.

A Mafia Capitale, de Roma, é um grupo desorganizado de criminosos que, apesar do nome, ainda não é reconhecido como mafioso pelo judiciário italiano, que, por essa razão, não pode usar legislação antimáfia contra esses criminosos, mesmo que se espelhem nos outros grupos.

Também menciono outras organizações criminosas, como a Sacra Corona (ou o que resta dela), situada na Apúlia, na Costa Adriática, bem no calcanhar da Itália; e ainda outros grupos na Itália, como a máfia albanesa, presente no sul; a máfia chinesa, atuante na indústria de confecções, no centro; e a máfia nigeriana, que trabalha com a Camorra no setor de contrabando de drogas.

Não existe movimento #MeToo na máfia — as mulheres podem até matar e liderar clãs, contudo ainda são vítimas frequentes de inconcebível violência doméstica, assédio sexual e exploração. As chefes mais poderosas conquistaram notoriedade, mas mesmo elas estão longe da igualdade de fato quando se trata de respeito — e talvez continuem assim. Elas possuem autoridade para mandar matar um homem, por exemplo, mas não podem se divorciar dos maridos sem perder a própria vida.

Este livro se concentra em mulheres que foram empoderadas dentro de um sistema patriarcal e subiram até o mais alto escalão do crime. Neste espaço, escrevi a respeito de mulheres que encontraram "sucesso" dentro de estruturas familiares e sociais corruptas, bem como poder em um mundo ainda dominado por homens — de onde algumas saem vivas para contar, enquanto outras morrem tentando.

A jornalista Clare Longrigg, especialista no assunto, escreveu o Primeiro Testamento das mulheres da máfia em seu livro *Mafia Women*,[1] de 1995, no qual deu às mulheres o merecido crédito. Com sua pesquisa, ela colocou no centro da história mulheres que galgaram os degraus do crime e conquistaram um indiscutível respeito. Antes, elas não eram estudadas com seriedade fora do meio acadêmico, e figuravam apenas como caricaturas criadas na mente dos homens ou matéria de puro entretenimento informativo.

Tenho uma cópia já bem gasta do livro de Clare, que se mostrou muito útil ao longo dos anos e me inspirou a revisitar Pupetta, uma versão muito mais jovem e vibrante, entrevistada nos anos 1990, quando a decana da máfia morava na ensolarada cidade de Sorrento. Em 2019, cruzei com Clare em uma festa de Natal no subúrbio de Islington, em Londres. Fazia poucos meses que havia editado um trecho do meu livro *Roadmap to Hell: Sex, Drugs and Guns on the Mafia Coast* [Guia para o Inferno: Sexo, Drogas e Armas na Costa da Máfia], publicado na seção "The Long Read" [A longa leitura] do jornal britânico *The Guardian*. Era um registro das mulheres nigerianas traficadas e exploradas sexualmente bem no coração do território da Camorra napolitana, perto de Nápoles. Encontrá-la foi como encontrar um ídolo, e vibrei quando ela, muito gentilmente, aceitou ler um rascunho inicial deste livro.

Clare foi a primeira a chamar a atenção do mundo para as mulheres na máfia, e uma das pioneiras a disseminar conteúdo relacionado à máfia em língua inglesa, muito antes de alguém ouvir falar de Roberto Saviano, o autor de *Gomorra*, ou de qualquer dos jornalistas que o sucederam.

De Felia Allum, tomei como guia os três períodos bem definidos da evolução da mulher na máfia. Dos anos 1950 até meados dos anos 1970, segundo a autora, as mulheres basicamente faziam parte de sistemas de apoio em famílias e comunidades maiores. De meados dos anos 1970 até princípios dos anos 1990, elas começaram a defender seus homens dentro e fora dos tribunais, e muitas se apoiaram na imprensa para dar visibilidade a suas histórias de juízes corruptos e preconceitos arraigados. Do início dos anos 1990 até hoje, as mulheres se tornaram verdadeiras agentes do crime, praticando desde lavagem de dinheiro e crimes de colarinho-branco até assassinato e extorsão.

Este livro não tem final feliz. A máfia é responsável pela morte de milhares de pessoas todos os anos, quer diretamente pela prática de homicídio, quer indiretamente por meio das diversas entidades do tráfico e da corrupção sistêmica em que está envolvida. Contudo, nesta obra, você será apresentado a mulheres que conquistaram respeito no ambiente onde vivem e que não estão dispostas a abrir mão de nada do que alcançaram.

Na Cozinha de Pupetta

A Poderosa Chefona
E OUTRAS MAFIOSAS

1

> *Ela diz não se lembrar de ter atirado em Grande Tony — segundo a polícia, foram encontrados 29 cartuchos no local. Jurou ter disparado só "um ou dois tiros", no susto, de trás do carro.*

CASTELLAMMARE DI STABIA, Itália — Era uma tarde quente de verão e Assunta "Pupetta" Maresca tamborilava com as unhas pintadas de preto na mesa, cujo tampo branco de mármore ressaltava manchas que podiam ser de vinho ou de sangue. Estávamos na cozinha do apartamento no qual ela morava, sob a luz de lâmpadas fluorescentes, em uma cidade litorânea nada respeitável ao sul de Nápoles. Foi ali que Pupetta nasceu, em 1935, em uma família de mafiosos, e também foi onde ela faleceu, em 29 de dezembro de 2021. As pesadas persianas de madeira estavam fechadas por causa do calor, e o lustre balançava com o sopro do ventilador de plástico capenga em cima da bancada.

Estive lá alguns meses antes de a pandemia de Covid-19 abalar o mundo, e a grande preocupação de Pupetta com a saúde, na época, era sofrer um derrame — não que se esforçasse para evitá-lo. No centro da mesa, a cigarreira dourada, com um maço de cigarros mentolados, acompanhava um cinzeiro decorativo que combinava com o isqueiro. Ela trazia no colo um chamativo cigarro eletrônico pendurado em uma espécie de rosário, como se fosse um pingente. Ela dava um trago entre um cigarro e outro e soltava uma baforada na minha cara. Comentou mais de uma vez que não devia fumar. "Este troço ainda vai me matar", dizia, entre baforadas. "Preciso largar."

A pele fina e flácida no dorso das mãos miúdas até que era bem lisinha para uma oitentona. Dava a impressão de que tinha sido repuxada em volta das juntas inchadas por alguma cirurgia. As manchas senis foram clareadas e pareciam hematomas quase curados, como se causados por um apertão. Pupetta pousou o cigarro no cinzeiro por um momento, pegou um fio do cabelo pintado de vermelho caído sobre a mesa e o esticou entre os dedos, levantando os mindinhos de leve, antes de soltá-lo no piso frio para que a empregada varresse.

Era impossível olhar para aquelas mãos sem imaginá-las empunhando a pistola prateada Smith & Wesson calibre .38 que Pupetta disparara no momento mais decisivo de sua vida. Mais de sessenta anos antes do nosso encontro, ela usara a arma para matar o mandante do assassinato de seu marido. O alvo da vingança caiu logo nos primeiros disparos, certamente já sem vida. Mesmo assim, ela pegou o revólver do irmão de 13 anos, Ciro, e baleou o corpo ensanguentado. Ao todo, foram 29 tiros. A cena se deu na frente de um movimentado café de Nápoles, em plena luz do dia. Na época, ela contava 18 anos de idade e seis meses de gestação.

Segundo seu relato, a arma do crime ainda estava em sua mesa de cabeceira. Cheguei a pedir para ver, mas ela foi enfática em dizer que a arma só sairia de lá se fosse para ser usada. Nunca mais toquei no assunto. Uma das coisas que mais aprendi a admirar na Madame Camorra, como ficou conhecida, foi seu humor ácido. Ela era uma mentirosa astuta e uma assassina cruel, claro; contudo, tirando esses detalhes, era simplesmente adorável.

Na primeira vez em que me sentei naquela cozinha, depois de a perseguir no café e no hortifrúti que frequentava até conseguir convencê-la a dar entrevista sem receber cachê, ela me ofereceu um *espresso* amargo em uma xícara toda lascada. Decerto guardava a louça mais bonita para visitas ilustres. Olhei o líquido escuro, que ainda fumegava, sem saber se deveria beber — "Vai que ela colocou alguma coisa...". Em um breve arroubo de egocentrismo, fiquei pensando se não seria eu uma espécie de "última vítima" antes de Pupetta pendurar as chuteiras. Afinal, ninguém sabia minha localização. Além disso, para quem tinha tantos contatos no submundo, não seria difícil se livrar do meu corpo. Eu mesma, depois de cobrir crimes, homicídios e mortes na Itália por tantos anos — praticamente uma mercadora de tragédias —, perdi a noção da minha própria mortalidade. Com o passar do tempo, fui da ilusão de imunidade à expectativa do perigo. Sempre penso no pior — até meus amigos e familiares dizem isso. Costumo ser o arauto do apocalipse.

Era impossível olhar para aquelas mãos sem imaginá-las empunhando a pistola prateada Smith & Wesson calibre .38 que Pupetta disparara no momento mais decisivo de sua vida. Mais de sessenta anos antes do nosso encontro, ela usara a arma para matar o mandante do assassinato de seu marido.

Para piorar minha paranoia, Pupetta nem tinha tocado no café. Perguntei se não ia me acompanhar; a resposta foi que o excesso de cafeína à tarde a deixava nervosa. Virei todo o café da xícara de uma golada só, como é de praxe na Itália. Ela ficou olhando, achando graça do meu medo — ou, pelo menos, foi isso que enfiei na cabeça. Em futuros encontros, sempre me acompanharia no café, não importando qual fosse o horário.

Naquela tarde da nossa primeira conversa, a rádio tocava músicas populares napolitanas, entremeadas com propagandas de serviços de segurança residencial. Quando o noticiário começou, fez um gesto com a mão na orelha, para eu parar de falar. Queria saber se havia algum conhecido metido em encrenca.

Pupetta usava uma regata roxa que apertava os seios enormes e flácidos em um decote cheio de rugas e pintas. Volta e meia o cigarro eletrônico perigava cair dentro da blusa. Sentada em uma cadeira de madeira, sobre uma almofada floral rosa-chá já desbotada, ela parecia bem mais alta. Quando se mexia, a cadeira rangia, fazendo rosnar o velho buldogue francês que dormia a seus pés.

Na sala de estar ao lado, o que não estava coberto com plástico estava forrado de toalhinhas de bordado rendado. As paredes eram decoradas com belos pratos azuis e amarelos da Sicília pintados à mão. Na parede da sala de jantar, sobre a cômoda reluzente, os gêmeos, em várias fases da vida, figuravam nos elegantes porta-retratos. Do primeiro filho, Pasqualino, nascido enquanto Pupetta cumpria pena por assassinato, não havia fotos. Ele desapareceu de forma misteriosa aos 18 anos.

Lá fora, as praias da cidade de Pupetta são entulhadas de galões e equipamentos de pesca trazidos pelas ondas poluídas do Mediterrâneo. Apesar dos avisos para não entrar na água, em qualquer época do ano sempre há meia dúzia de velhinhos cavoucando a areia em busca de mariscos. No inverno, usam perneiras até a coxa e grossas jaquetas. No verão, sungas coloridas e chinelos. A cidade costeira tem uma das vistas mais livres e amplas do Vesúvio, vulcão que destruiu a vila vizinha, Estábia, na trágica erupção de 79 d.C.

Castellammare di Stabia surgiu dessas cinzas e virou símbolo de decadência moral. Tanto que, em 2015, um padre local, usando um helicóptero, resolveu exorcizar a cidade, pulverizando galões de água benta em cima de seus 65 mil habitantes, bem do alto, para garantir que nenhuma alma pecadora escapasse. A criminalidade continuou, mas a bênção aérea milagrosamente ressuscitou as fontes entupidas de calcário, ou pelo menos assim reza a lenda. Contudo, as raízes criminais da Camorra napolitana já estão muito arraigadas na cidade para ser expurgada pela fé, e Pupetta simboliza tudo que há de errado nesse fim de mundo assolado pelo crime.

Na primeira vez que fiquei em Castellamare, aluguei uma cobertura pelo Airbnb, com vista livre da cidade, do mar e do intimidante vulcão. Minha anfitriã quis deixar claro que aquela não era a Costa Amalfitana, o balneário luxuoso do outro lado da Península Sorrentina, onde o crime organizado era sorrateiro, não escancarado como em Castellammare. A cidade fica, quando muito, a meia hora da esplendorosa Sorrento, porém é um lugar bem diferente: um mundo sombrio, onde a criminalidade tomou conta de cada canto da sociedade. Quando expliquei que era jornalista e estava fazendo uma reportagem a respeito da máfia, ela pareceu aliviada. Não teria que se desculpar pela delinquência que corre solta bem diante do seu terraço. Dia e noite, as ruas abaixo abrigavam negociatas de todo tipo de contrabando. Nas diversas vezes em que estive lá, daquele mesmo balcão, vi papelotes de drogas e dinheiro trocando de mãos, e certa vez até uma caixa grande, que comportaria facilmente uma arma de tamanho considerável. O vendedor, nervoso, parecia não ver a hora de se livrar daquilo, e o comprador correu para uma BMW de vidro fumê e deu no pé.

Todas as vezes em que saí do apartamento, tive a sensação de estar sendo vigiada. Nas ruas de Castellammare, vários estabelecimentos de aparência inocente pareciam fachada para acobertar outros negócios quando vistos de perto. Não se via ninguém saindo com sacola, nem mesmo ao passar pelo caixa. As pessoas se cumprimentavam com suspeitos acenos de cabeça, como se olheiros espreitassem nas esquinas. Carros luxuosos disputavam espaço com Fiats enferrujados, e iates extravagantes coalhavam a marina, muito embora a renda média, segundo as cifras oficiais, mal passasse da linha da pobreza. Visitei bastante a cidade, mas jamais consegui captar seu verdadeiro espírito. Vai ver não tivesse. Os pet shops vendiam ratinhos para alimentar as pítons e outros répteis exóticos que faziam sucesso entre os moradores por motivos não muito claros. As lojas de lingerie dedicavam seções inteiras a peças vermelhas, algumas estampando as vitrines mesmo quando não era Dia dos Namorados — cena que me deixava desconcertada.

É difícil explicar por que a máfia ainda tem tanto poder no país. A Itália é uma nação rica enredada na própria burocracia e no moroso sistema judiciário. Não é que a máfia exista à revelia do país. Na verdade, muitos problemas nacionais são reflexo da persistência do crime organizado. Como ocorre com outros grupos terroristas, inclusive muitos que recorrem ao crime organizado da Itália para entrar clandestinamente na Europa, ou dependem dele para conseguir armas ou documentos falsificados, o poder da máfia vem de uma combinação de medo e vista grossa. Diz-se até que a máfia está no DNA da Itália. Apesar do intenso combate às três maiores máfias — a Cosa Nostra, da Sicília, a 'Ndrangheta, da Calábria, e a Camorra napolitana, da Campânia —, em termos históricos, a Cosa Nostra siciliana é a única máfia de verdade. Mesmo as famílias da máfia estadunidense são todas ligadas à Sicília, ainda que, mais recentemente, a Camorra e a 'Ndrangheta também tenham se alastrado pela Europa e pelo continente americano.

Embora a Cosa Nostra seja a primeira e mais famosa entre as principais organizações criminosas da Itália, o sistema penal do país tipifica crimes de outros grandes grupos como "crimes de associação mafiosa", conforme o Art. 41-b do Código Penal, especialmente criado para auxiliar a Justiça na luta contra o crime organizado. Em 2018, foi cunhado o termo Mafia Capitale para designar grupos de índole mafiosa na região de Roma. A Itália reconhece também diversos grupos nigerianos com características de máfia, cujos integrantes foram enquadrados em crimes correlatos.

Para entender, de fato, a cultura do crime organizado na Itália — se é que isso é possível, dado o manto de segredo que a envolve e a escassez de informações, as quais em sua maioria chegam pela boca de desertores e adversários —, é preciso compreender como ela conseguiu prosperar livremente por tanto tempo. A procuradora Alessandra Cerreti foi a única pessoa a me fornecer uma explicação convincente acerca da influência persistente da máfia no país.

A máfia (que, no sentido mais amplo do termo, engloba todas as organizações criminosas da Itália) é o que Cerreti chama de "Estado paralelo". Conseguiu se infiltrar de tal forma em cada esfera da vida no país que, ainda hoje, goza de uma espécie de "imunidade política". Comparsas e aliados estão em todo lugar, do alto escalão do governo até o jardineiro do parque, que se mostram úteis para encontrar esconderijos de droga ou reportar conversas entreouvidas. Tais pessoas não batem carteira de turistas na Costa Amalfitana ou roubam gás nos cafundós da Sicília. São cidadãos de bem. Muitos trabalham no setor público e passaram por seleção (ou deveriam ter passado). Câmaras municipais inteiras já foram dissolvidas para expurgar governos aparelhados pela máfia. Entretanto mafiosos atuam mais como espiões do que infiltrados, repassando informações estratégicas ou fraudando licitações para favorecer empresas ligadas ao crime.

As quadrilhas lembram cardumes. Apesar de grandes, são ágeis para fugir ou caçar conforme as circunstâncias. Além de numerosas, estão mais representadas nos altos escalões do que quaisquer forças opositoras. "Não é um universo à parte", diz Cerreti. "Eles atuam no mundo real."

Vida real que acontece em todo canto da Itália. O pai de Pupetta não era nenhum chefão, apesar de liderar uma quadrilha notória, cujo território abarcava Castellammare di Stabia e os vilarejos vizinhos espalhados pelas estradas sinuosas entre a turística Sorrento, ao sul, na deslumbrante Costa Amalfitana, e as ruelas de pedra de Nápoles, ao norte. Conhecido e respeitado em seu meio, sua especialidade era contrabando de cigarros, atividade que dava muito dinheiro na Itália pós-guerra.

Os integrantes do clã dos Maresca eram conhecidos como *lampetielli* ("coriscos"). O apelido decorre da rapidez com que sacavam seus inconfundíveis canivetes para ameaçar ou matar.[1] Por sinal, a primeira encrenca de Pupetta com a polícia foi ainda no primário, quando esfaqueou a filha de um bandido. A queixa foi retirada porque a vítima, do nada, resolveu não depor. Quando mencionei a história, ela disse que era exagero, que o incidente tinha sido briga de criança — apesar de saber manejar armas antes mesmo de menstruar.

Os quatro irmãos de Pupetta tratavam de defender sua honra e mantê-la bem longe dos pretendentes inconvenientes que a abordavam com intenções pouco nobres. A tarefa era ingrata. Desde a mais tenra idade, a então menina sabia usar suas belas feições para conseguir o que queria, e seguiu tentando mesmo muito depois de perder os encantos.

Na flor da idade, usou o poder de sedução, consagrado em um concurso de beleza da cidade, para atrair um chefe em ascensão da Camorra, Pasquale "Pascalone" Simonetti. O Grande Pasquale ou, como os italianos o conheciam, Pascalone 'e Nola, era um homem alto e corpulento, de cabelos pretos espessos, e um queixo redondo que se confundia com o pescoço largo e hirsuto. Com mais de um metro e oitenta de altura, ficava enorme ao lado de sua "bonequinha" — daí o apelido "Pupetta".* Em italiano, o sufixo *-one* se refere a coisas maiores que o normal. A ceia de Natal, por exemplo, é mais que uma *cena*: é um *cenone*. Um beijo intenso é mais que um *bacio*: é um *bacione*. Pascalone ilustrava bem a regra.

O homem era um típico subchefe da Camorra: rico, bem-vestido e implacável. Seus métodos para impor respeito eram os de sempre no submundo do crime: extorsão, coerção e assassinato a sangue-frio. Antes de conhecer

---

* Em italiano, "pupa" é uma das denominações para "boneca". "Pupetta", portanto, seria "bonequinha". [Nota da Editora, daqui em diante NE]

Pupetta, era chamado de *presidente dei prezzi* ("presidente dos preços"). Mandava e desmandava na máfia do hortifrúti, no coração das abundantes lavouras de Nápoles. Na época, chegavam a lucrar 250 mil dólares por ano (o equivalente a 2,2 milhões de dólares em valores atuais) com tomate, abobrinha, batata, pêssego e limão.

[...] a primeira encrenca de Pupetta com a polícia foi ainda no primário, quando esfaqueou a filha de um bandido. A queixa foi retirada porque a vítima, do nada, resolveu não depor.

Isso foi bem antes de a Camorra destruir o comércio, enterrando lixo tóxico na encosta do Monte Vesúvio. A operação causou um aumento súbito no nível de dioxina e deixou os tomates impróprios para exportação (o consumo local, porém, seguiu inalterado). Ainda hoje, esses níveis sobem vertiginosamente em intervalos de poucos anos, deixando até o leite de búfala, que popularizou a muçarela da região, muito tóxico para exportar. O triângulo de terra em torno do vulcão — que ficou conhecido como *terra dei fuochi* ("terra dos fogos")[2] por conta da quantidade de incinerações clandestinas de lixo tóxico promovidas pela Camorra, em meados da década de 2000 — é um grande exemplo da profunda destruição causada pela criminalidade no país, que de resto é tão maravilhoso. Poucos anos depois que cheguei a Roma, viajei para cobrir esses incêndios tóxicos e fiquei chocada com a quantidade de fuligem cobrindo meu carro. Só uns dias depois, quando comecei a tossir catarro preto, é que constatei o óbvio: não poderia reportar aquela fumaceira sem antes respirá-la.

Nós jornalistas, em geral, acreditamos que somos imunes ao perigo. No calor do momento, vamos ao encontro das catástrofes como mariposas incautas, achando que não vamos nos queimar. De terremotos a cenas de crimes, é como se, ao fazer pouco caso do perigo, nós nos blindássemos do impacto de situações que jamais esqueceremos. Na Itália, jornalistas como Roberto Saviano e Federica Angeli vivem sob escolta 24 horas por dia porque escrevem sobre a máfia. Saviano, por exemplo, depois de ter escrito o best-seller *Gomorra*, acerca da Camorra perto de Nápoles, onde cresceu, foi privado de sua liberdade para sempre. Angeli, por sua vez, vive sob ameaça constante por ter desmascarado a máfia romana Casamonica. Inúmeros outros arriscam a pele apurando histórias da máfia. Em cenas de crime, podem ser vistos como ameaça ou ficar no meio de tiroteios. O risco é ainda maior para aqueles que revelam nomes ou esmiúçam os complicados laços entre empresas e grupos criminosos. Muitas vezes, começa com uma ameaça: um projétil entregue pelo correio, um bicho de estimação encontrado morto, um bilhete deixado dentro do apartamento ou outro gesto de significado claro — desta vez, foi só um aviso; se insistir, você morre.

Não é de hoje que a Legambiente, um grupo ambientalista italiano, alerta para a catástrofe ambiental na *terra dei fuochi*. O problema, associado à corrupção e ao debilitamento do sistema de saúde pelo crime organizado, causa um estrago ainda mais assombroso. A incidência de câncer infantil é a maior da União Europeia. Mais de 100 mil toneladas de resíduos tóxicos, boa parte proveniente da Europa, já foram despejadas, enterradas e incineradas nas encostas do vulcão (ainda bem ativo), graças às operações de manejo de lixo da Camorra, cujos preços são muito abaixo dos praticados por empresas idôneas. Autoridades italianas identificaram 400 mil carretas a bordo de balsas com o lixo de 443 empresas europeias, muitas das quais sofreram sanções posteriormente — todas fracas demais para coibir a prática.

Depois que os bombardeios da Segunda Guerra arrasaram boa parte do sul da Itália, produtores rurais se viram forçados a pagar a taxa de proteção cobrada pela máfia e seguir os preços fixados por subchefes como Pascalone se quisessem sobreviver. Quem se opusesse, na melhor das hipóteses, teria os celeiros queimados; na pior delas, acabaria enterrado vivo debaixo da sua própria plantação. Produtores de fora que tentavam comprar direto dos agricultores se deparavam com taxas indigestas — também cobradas por vários subchefes como Pascalone — ou eram escorraçados, inclusive à bala. Com isso, os agricultores dependiam da máfia para vender a produção.

Após a guerra, o sul da Itália lutava contra a penúria, situação que era um prato cheio para organizações criminosas que se escondiam por trás de fachadas que funcionavam em um estilo Robin Hood. A história agora se repete, com a recessão em que o país mergulhou por causa da pandemia de

Covid-19, principalmente na segunda onda, que deixou o entorno de Nápoles em petição de miséria. Quem até então tinha resistido ao apelo da máfia acabou se dando conta do fracasso do Estado e caiu nas garras da Camorra.

Depois da guerra, muitas pequenas empresas da região não se enquadravam nos critérios para receber auxílio do governo (até porque, em sua maioria, sonegavam impostos e omitiam receitas, a tal ponto que o auxílio calculado sobre a renda declarada passava longe do volume real de negócios). Sem bens legalmente disponíveis para servir de garantia a empréstimos, a única saída era recorrer à ajuda do crime organizado. É assim que as máfias se perpetuam. Indivíduos como Pascalone — e outros que seguiram pelo mesmo caminho — são "benfeitores" prontos a estender a mão aos "zés-ninguém" desamparados pelo Estado, mantendo viva, assim, o ciclo da criminalidade (e a população local).

Pascalone amparou os produtores da região naqueles anos difíceis, resolvendo problemas em troca de favores de todo tipo, inclusive mancomunação em negócios ilícitos. Distribuía favores a quem tivesse algo a oferecer em troca, de cômodos desocupados para guardar mercadoria roubada até álibis de que pudesse um dia precisar. Reza a lenda que ele ajudou a errante filha grávida de um soldado raso da sua organização, depois que o namorado dela se recusou a assumir o bebê. Pascalone ofereceu ao moleque cerca de 100 mil dólares para gastar no casamento ou no funeral[3] — a escolha era dele.

O camorrista também se envolveu na distribuição de cigarros contrabandeados, negócio lucrativo que floresceu em meio ao racionamento do pós-guerra. Soldados da Inglaterra e dos Estados Unidos servindo em Nápoles alimentaram um próspero mercado clandestino de cigarros estadunidenses. Com o fim da guerra e o retorno dos Aliados, os cigarros pararam de chegar, mas já tinham caído no gosto dos italianos. O governo decidiu racionar a importação de cigarros pelos portos do sul da Itália, criando uma clara oportunidade de negócios para as máfias que conseguissem contrabandear o suficiente para suprir a demanda.

Para um *guappo** da Camorra como Pascalone, explorar brechas legais e importar diretamente o contrabando era um ótimo jeito de ganhar dinheiro fácil, mesmo com a disputa acirrada pelo controle de mercado. No

---

* Em napolitano, um membro da Camorra. [NE]

crime organizado, a hegemonia quase sempre se conquista com derramamento de sangue. Em 1952, Pascalone foi condenado a oito anos de cadeia pela tentativa de homicídio de Alfredo Maisto, que deixou de ser parceiro para se tornar rival ao avançar sobre seu território no negócio de cigarros.

Tão logo Pascalone foi para trás das grades, um colaborador próximo, Antonio Esposito (conhecido como Totonno 'e Pomigliano), ou Grande Tony, assumiu a parte dele no cartel do hortifrúti e prometeu a ele uma parcela dos lucros enquanto estivesse no xadrez. De início, dito e feito. Meses depois, porém, Totonno já abocanhava tudo sozinho.

Em 1954, passados apenas dois dos oito anos da pena, Pascalone foi posto em liberdade. Haviam surgido novas provas no caso que o levou à prisão — ou, o que é mais provável, alguém tinha ameaçado ou subornado o juiz. Como seria de se esperar, o mafioso queria seu território de volta e retomou os negócios no ponto em que havia parado. De modo bastante previsível, Grande Tony não tinha a menor intenção de renunciar ao poder conquistado. Com tantos assuntos para cuidar, contudo, Pascalone não notou o clima de tensão.

No entanto, se o mafioso aprendeu uma coisa depois de dois anos preso, foi que não queria ficar sozinho. Chamou sua atenção o modo como os outros detentos eram mimados pelas esposas e amantes nos horários de visita. E ele também queria encontrar quem lhe fizesse o mesmo. Havia conhecido Pupetta pouco antes da prisão. A moça despertou seu interesse após ser coroada em um concurso de beleza, de modo que Pascalone decidiu que a levaria ao altar.

Pupetta fascinava tanto pela beleza quanto pela estirpe mafiosa. Era do clã dos Lampetielli. Da cadeia, Pascalone retribuía às cartas de amor da jovem com respostas grandiloquentes e promessas de que ficariam juntos. Dias depois da soltura, o galanteio ficou sério. Os irmãos de Pupetta, que antes proibiam o namoro com homens de outros clãs, saíram do caminho e aprovaram o novo pretendente, interessados em usar a posição de Pascalone para se promoverem.

O casório aconteceu em 27 de abril de 1955. Pupetta tinha só 17 anos. Mais de quinhentos convidados lotaram a igreja para o suntuoso casamento católico. Marcaram presença, inclusive, chefões importantes dos clãs da Camorra, que encheram os noivos de joias e envelopes com dinheiro.[4] Até camorristas com quem Pascalone tivera desavenças por território, como Grande Tony, e um pistoleiro chamado Gaetano Orlando, que atendia pelo apelido de Tanino 'e Bastimento, foram prestigiar a união daquelas duas importantes linhagens do crime organizado. Tudo saiu perfeito. A vida do casal não seria nada fácil, de qualquer modo, naquele momento, pareciam predestinados a uma vida longa e feliz.

Enquanto preparavam o novo lar, Pupetta se dizia determinada a abandonar o crime e fazer algo menos perigoso. Seria mesmo possível? Quem sabe. Quando se olha para trás, é fácil falar. Entretanto a verdade é que largar aquela vida seria bem complicado. O casal era desprovido de competências profissionais, e tinha fama e conexões criminosas que fariam tremer qualquer possível empregador. Além do mais, aqueles que nascem no seio de tão poderosas famílias do crime dificilmente saem com vida.

Meses depois de selar seu futuro com Pupetta, em uma manhã úmida e escaldante de julho, Pascalone se esvaía em sangue, baleado no estômago, após ter sofrido um atentado na praça do mercado central de Nápoles. Tinha decidido recolher a taxa de proteção e distribuir favores para o grupo de produtores que controlava. Mas foi baleado enquanto descascava uma laranja dada por um deles, o que levantou suspeitas de que a fruta lhe foi oferecida para distraí-lo e que o atirador não havia agido sozinho.

A praça era cheia de basílicas, como a rebuscada Santa Croce e Purgatorio, onde, até hoje, reúnem-se senhoras todos os dias para rezar pelas almas presas no purgatório. No momento do atentado, estava bastante movimentada. Mesmo assim, a única pessoa que afirmou ter visto quem puxou o gatilho foi o próprio Pascalone.

Pupetta, que estava no início da gravidez, foi chamada ao hospital. Ao lado do leito, chorou durante as quase doze horas que o marido resistiu. Pascalone morreu na madrugada, sepultando com ele os sonhos despedaçados da esposa. Nos últimos suspiros, disse à mulher que o atirador era Gaetano Orlando, um dos convidados do seu casamento. O mandante do crime, acrescentou, era Grande Tony, o rival que havia tentado passar a perna nele enquanto cumpria pena.

Poucos dias depois, Pupetta enterrou seu *principe azzurro* ("príncipe encantado"), como o chamou até o último dia de vida. Jurou ao pé do túmulo que vingaria sua morte, coisa que não se ouvia de mulher alguma na época.

"Foram dias intermináveis de solidão", ela me confidenciou, enquanto folheava páginas de fotos em preto e branco desbotadas pelo tempo, e recortes de coluna social colados em um desmantelado álbum de casamento. "No ponto em que eu estava, ou acertava as contas, ou me acabava de vez. Achei que minha única saída era acertar as contas."

Desde o início, Pupetta culpou a polícia. O jeito era fazer justiça com as próprias mãos, dizia. Aos 18 anos, grávida e viúva, mesmo ela, que era filha da máfia, chegou a acreditar na Justiça e a confiar na ajuda das autoridades. Porém, estava na cara que a polícia não tinha pressa nenhuma em encontrar o responsável pelo homicídio em plena luz do dia de Pascalone, e, na falta do Estado, a viúva se viu obrigada a recorrer aos próprios métodos.

Pupetta contou à polícia que Grande Tony havia encomendado o crime, e que Orlando foi o responsável por puxar o gatilho. Orlando acabou sendo preso. Todavia, quanto a Grande Tony, os promotores não tomaram providências. "Dei o nome dele para a polícia, mas eles disseram que precisavam de provas para prendê-lo", contou. A versão no inquérito era um pouco diferente: Pupetta tinha dado outro nome, esperando que essa prisão servisse de aviso para que Grande Tony soubesse que seria o próximo. "O que quiseram dizer foi que não tinham coragem de peitá-lo ou que ele tinha as costas quentes."

Grande Tony sabia muito bem que não deixariam barato a morte de um *guappo* em franca ascensão como Pascalone. Por isso, começou a fazer ameaças psicológicas contra Pupetta. Deixava bilhetes-surpresa por onde ela passava. Queria assustá-la. Era um aviso de que se tentasse alguma coisa, dariam um sumiço nela e no bebê que carregava no ventre, sem deixar rastros. Grande Tony conhecia bem a cartilha pela qual todos rezavam, cujo ponto principal era não deixar impune uma morte como a de Pascalone. Seu grande erro foi subestimar a jovem viúva: não contava que ela se encarregaria pessoalmente da vingança.

A lembrança do enterro de Pascalone estava fresca em sua memória. Foi o dia em que decidiu que não permitiria que Grande Tony passasse por cima dela. "No dia do enterro, peguei a arma na mesa de cabeceira do Pascalone e carreguei comigo até o dia de usar", relembra. Pupetta não duvidou nem por um segundo de que seria capaz. Nascida de pais mafiosos, ela e os irmãos aprenderam com o pai a usar armas de fogo para se defender. "Ele me ensinou a atirar e queria que eu acertasse o alvo bem na cabeça", explicou, discorrendo acerca das lições de tiro como quem fala de um pai carinhoso que ensina a tocar instrumentos musicais ou rebater uma bola de beisebol. "Acertei a pontaria logo de primeira. Ele ficou todo orgulhoso."

Quase três meses depois do enterro de Pascalone, e já no último trimestre de gravidez, com barriga aparente, Pupetta enfim puxou o gatilho. Perguntei como era a arma de Pascalone, e ela fez que mirava na minha testa. "Era uma arma menorzinha", disse, fingindo o disparo com um estalo da língua, "daquelas que a gente leva numa bolsinha de mão para um jantarzinho elegante."

No dia que selaria seu destino, ela pediu para o irmão de 13 anos, Ciro, levá-la ao cemitério. Deixaria flores no túmulo de Pascalone, como manda o costume nesta parte da Itália ao longo do primeiro ano de viuvez. O motorista, Nicola Vistocco, também iria levá-la para pegar umas frutas e verduras que ganhara na praça do mercado, onde Pascalone foi baleado.

No caminho até o mercado, viu Grande Tony saindo de um movimentado café em Corso Novara, não muito longe do local do crime, e pediu para Nicola encostar o Fiat. Ele ficou abaixado atrás do volante enquanto Pupetta esperava. Quando Grande Tony ia descendo a rua, a viúva falou para o motorista se aproximar dele. Ele encostou, e ela saltou do carro atirando. Houve troca de tiros, mas a mulher, protegida pelo carro, saiu ilesa. O motorista não viu nada, como afirmou em depoimento à polícia. Contudo tanto ele quanto Ciro foram julgados e condenados como cúmplices do homicídio.

De início, Pupetta alegou ter pegado a arma para se defender, porque Grande Tony teria tentado abrir a porta do carro.[5] Ela diz não se lembrar de ter atirado na vítima — segundo a polícia, foram encontrados 29 cartuchos. Jurou ter disparado só "um ou dois tiros", no susto, de trás do carro. No entanto as provas que embasaram a condenação (inclusive fotos horripilantes da autópsia) mostravam que ela usou a Smith & Wesson de Pascalone com precisão e, para garantir, ainda atirou com o revólver do irmão mais novo. Cinco balas foram parar direto no crânio do algoz de seu marido. Alguns registros apontavam para o uso de quatro armas, o que explicaria, ao menos em parte, o número espantoso de balas. Também implicavam maior envolvimento da Camorra, em uma revanche calculada. Questionada por mim, Pupetta retrucou que a polícia havia levado em conta cartuchos que já estavam espalhados pelo chão antes do crime e marcas nas paredes provenientes de outros tiroteios.

Os dois irmãos fugiram, deixando os crisântemos vermelhos de Pascalone no banco de trás do carro. Quando Pupetta morreu, comprei crisântemos da mesma cor que ela descreveu para colocar no jazigo de sua família, onde seu corpo foi enterrado. A polícia não permitiu; as homenagens à mulher da máfia eram restritas à família. Depois de algumas semanas foragida, foi dedurada à polícia e presa pelo assassinato de Grande Tony. Achou curioso que a mesma polícia que havia sido incapaz de encontrar o culpado pela morte de seu marido tivesse sido tão rápida em colocá-la atrás das grades. Para ela, a diferença no tratamento dos dois crimes não deixava dúvidas: ou o clã de Grande Tony controlava os investigadores ou ele era informante da polícia.

Durante o julgamento, a viúva não demonstrou o menor remorso. Pelo contrário: diante do juiz, disse que, se pudesse voltar atrás, "faria de novo". Na ausência da lei, julgou ser sua obrigação vingar a morte do marido. "Matei por amor!", bradou na audiência, antes de desmaiar na sala do tribunal[6]. Nos jornais locais, o julgamento foi noticiado como um evento social. As manchetes destacavam os rompantes de Pupetta na audiência[7], e a atenção com que descreviam o que a jovem ré vestia e como piscava os longos cílios era a mesma dedicada às estrelas em ascensão da época — como Sophia Loren, que também havia crescido na região.

Com o argumento de que a vingança pela morte do marido — basicamente se arvorando de juiz, júri e carrasco em um crime sem julgamento — era de fato mais um episódio da "guerra de facções criminosas"[8], a promotoria pediu que a ré fosse condenada à prisão perpétua. O advogado de defesa, que alegou inicialmente legítima defesa, viu a tese cair por terra no primeiro depoimento de Pupetta, devido ao drama do "crime passional". Com isso, mudou de estratégia e tentou emplacar a tese de *delitto per amore*, ou "legítima defesa da honra", que abrangia toda uma gama de crimes que pudessem ser justificados pela influência de forte emoção. A defesa da honra era tão comum na Itália que chegou a ser considerada circunstância atenuante capaz de causar diminuição da pena até a década de 1990, quando, enfim, ficou mais difícil (embora não impossível, mesmo hoje em dia) conseguir emplacar a tese nos casos de homicídio de uma esposa adúltera[9] ou vingança pela morte de um mafioso.

O julgamento, que teve também atração à parte no caso do assassino de Pascalone, Gaetano Orlando, foi aberto ao público. Comparsas de Grande Tony compareceram às audiências para garantir o cumprimento da *omertà* (o pacto de silêncio que impera em todas as organizações criminosas da Itália). Das 85 testemunhas chamadas a depor, pouquíssimas disseram que viram algo ou que sabiam de algo, e nenhuma trouxe qualquer fato relevante para as considerações finais do júri.

A vingança gerou um subproduto — um que Pupetta jamais poderia ter imaginado. Ela se tornou um ícone da elite criminosa napolitana, valendo-lhe a alcunha de Madame Camorra e o incomparável prestígio de *madrina* original — a Madrinha do Crime. Bastou uma aparição em juízo para os camorristas da região começarem a jogar flores no camburão que a transportava entre a cadeia e o tribunal, como se fosse a realeza passando em sua carruagem.

Ela foi condenada a 24 anos de cadeia, que caíram para treze anos e quatro meses após o julgamento dos recursos. Tendo cumprido menos de dez anos, ela recebeu inexplicável indulto em 1965, o qual, é bem provável, seja fruto de um acordo em troca de informações. A mim, negou veementemente que fosse o caso. Teimou que novas provas confirmaram que havia justificativa fundada para matar o assassino do marido, e que o juiz finalmente se convenceu disso. A versão dela contrariava a de um assistente da promotoria que ajudou na soltura e me contou do acordo. Mas era melhor não insistir. Pupetta já tinha dado muitas mostras da falta de apreço pelo que os italianos chamam de *verità*.

O irmão dela, Ciro, foi condenado a doze anos como cúmplice, no entanto recorreu e acabou absolvido. Corriam boatos de que ele também tinha feito um acordo para entregar informações à Justiça relacionadas a algum peixe pequeno que valia o sacrifício em troca da redução de pena.

Em sua última entrevista comigo, Pupetta abriu um sorriso quando a chamei de Madame Camorra, embora não admitisse que chegou a mandar bordar uma almofada com a alcunha, tamanho era seu apreço por ela. No que dizia respeito aos anos entre sua soltura e a década de 1980, quando exerceu um enorme poder em seu clã, foi mais reservada.

A reticência acerca dos anos seguintes foi ainda maior. Quando lhe perguntei a respeito de seu suposto envolvimento, em 1981, no assassinato por vingança de Ciro Galli, capanga de um de seus arqui-inimigos, e em 1985, na decapitação de Aldo Semerari, criminalista e psiquiatra forense, ela se fechou como uma concha. Apesar de ter sido investigada como mandante nos dois casos, foi, todavia, absolvida em ambos. Para ela, era só isso que eu precisava saber.

Perguntei como gostaria de ser lembrada no futuro. "Por esses crimes escabrosos é que não", respondeu. Preferia ser lembrada "como uma mulher honrada, além de mãe amorosa e avó coruja". Mas quis o destino que ela fosse lembrada justamente por vingar a morte do marido.

Ela se tornou um ícone da elite criminosa napolitana, valendo-lhe a alcunha de Madame Camorra e o incomparável prestígio de *madrina* original — a Madrinha do Crime.

Especialista em crime organizado e escritora de renome, a profa. dra. Felia Allum, da Universidade de Bath (Reino Unido), é cética quanto a Pupetta ter possuído algum poder de fato após a década de 1980. Conforme me explicou, a imagem da mulher mafiosa é falseada, já que a história dessa organização criminosa, em sua maioria, é escrita por homens que enxergam o patriarcado italiano como fio condutor inquestionável das relações de gênero no país. Isso ocorre com as mulheres em geral na sociedade italiana, que são subestimadas ou relegadas a segundo plano. Como se a única possibilidade de uma mulher chegar à presidência de uma empresa, ou ocupar algum cargo de confiança, seria indo para a cama com homens poderosos ou nascendo em berço de ouro. Na Camorra, em especial, onde Pupetta teve sucesso, as mulheres galgam posições e recebem tratamento mais igualitário que na população como um todo. Como observa Allum, "em muitos aspectos, as mulheres do crime organizado subiram de nível mais cedo que as mulheres da sociedade italiana".

Depois de ter passado uns bons 25 anos na Itália, vejo como a história é distorcida pelo sistema patriarcal do país. Assim como ocorre na sociedade comum, mulheres ligadas a organizações mafiosas dificilmente são consideradas inteligentes o bastante para estar no comando. Por muitos anos, inclusive, raramente eram levadas a sério nos tribunais, mesmo com o nome nas escrituras ou as digitais na arma do crime. Em razão disso, em diversas ocasiões, escapavam impunes até mesmo em casos de homicídio.

Assassinatos à parte, Allum duvida que Pupetta fosse tão perversa quanto gostava de parecer. De qualquer forma, em 2019, a polícia encontrou um maço de cartas manuscritas da Madame Gamorra para Adolfo Greco, as mais recentes datando de 2018. Greco era um chefe de clã acusado dos crimes de extorsão e associação mafiosa, agravados pelo envolvimento direto com quatro clãs da Camorra. Em 2021, uma investigação das transações financeiras de Ciro Giordano, também conhecido como Ciruzzo *'a Varchetella* ("a barquinha"), descobriu que, entre 1987 e 2001, vários integrantes de clãs rivais dividiram a mesma folha de pagamento. Um investigador afirmou ter encontrado "diversos cheques" em nome de Pupetta. Eram cheques de valor expressivo em lira italiana, a moeda vigente até 2002. Nesse ano, a Itália adotou a moeda comum europeia, mudança que tornaria os registros financeiros mais fáceis de esconder e talvez explicasse a súbita ausência de rastros dos repasses, sem que nenhum dos antigos beneficiários aparentasse redução de renda.

Greco, que assim como outros mafiosos, progrediu do regime prisional fechado para o domiciliar[10] durante a pandemia de Covid-19, foi acusado de comandar uma rede de servidores corruptos no governo municipal de Castellammare di Stabia e órgãos locais. Ao prendê-lo, a polícia encontrou relógios Rolex e malas cheias de notas de 100 euros ao lado das cartas de Pupetta. "Os *pentiti* me ferraram", dizia uma, em referência a ex-mafiosos que viraram delatores. "Peço que arrume um posto para meu filho."

O que mais chamava atenção nessa carta, apresentada em juízo durante o julgamento de Greco por associação mafiosa, no final de 2019, era o tom empregado. Estava na cara que o réu, mais que um reles traficante de influência a quem Pupetta pedia um favor, era justamente quem podia ajudá-la a arrumar um emprego sério para o filho no campo de atuação da Camorra. Além disso, sua familiaridade com a hierarquia secreta só podia vir de alguém do meio mafioso.

Em 2020, quando a pandemia arrasava a Itália, Pupetta me contou que foi orientada por seu advogado a não falar com ninguém sem que ele estivesse presente (embora, mais tarde, todos os profissionais mencionados por ela dissessem que já não a representavam), dando a entender que estava de novo na mira da polícia. Foi quando a filha Antonella, espécie de guardiã da mãe, manifestou pela primeira vez desagrado pelo fato de ela estar falando com uma jornalista, ainda por cima sem garantia de compensação financeira ou contrapartida.

Perguntei à procuradora do Ministério Público italiano, Alessandra Cerreti, que atua no combate à máfia, qual a opinião que tinha a respeito da fama de Pupetta.

"Boa parte do que ela fala é invenção", respondeu Cerreti, que já havia lidado com tantas mulheres do crime que aprendeu a separar a realidade do mito. E acrescentou que, na Itália, havia muitas mulheres com mais sangue na ficha corrida. Eu logo compreenderia o que a representante do Ministério Público quis dizer: Pupetta podia muito bem ser a primeira, mas estava longe de ser a pior.

Na Escola do Crime

A Poderosa Chefona
E OUTRAS MAFIOSAS

2

"A gente vê avó, filha e neta da mesma família que vêm parar aqui em razão do mesmo tipo de crime, todos ligados à Camorra", disse ela. Como acontece em penitenciárias no mundo todo, existe mais corrupção dentro da cadeia do que fora de seus muros.

Pupetta teve Pasqualino quando ainda era detenta na ala feminina do famoso presídio de Poggioreale, na região central de Nápoles. A unidade foi desativada há décadas, e o presídio, hoje (e já naquela época), é tido como o pior centro de detenção da Itália. Com capacidade para 1.600 detentos, abriga cerca de 2.300 presidiários, espremidos em vários pavilhões com nomes de belas cidades italianas. Várias celas têm espaço para cozinhar (leia-se fogareiro e pia), o que significa que os presos têm que fazer a própria comida. As celas são ocupadas por até quinze detentos, em um espaço abafado com capacidade para dez, e o ar úmido vive empesteado com o cheiro de esgoto dos sanitários entupidos.

Com o passar dos anos, Poggioreale ganhou fama de "escola do crime", porque as pessoas saem piores do que entraram. Em março de 2020, com a decretação do isolamento em decorrência da pandemia de Covid-19, as visitas ao presídio foram suspensas, desencadeando uma violenta rebelião. A revolta começou fora dos portões, com um protesto de mulheres contra a proibição de visitar os companheiros e levar comida caseira (e, certamente, informações para os mafiosos confinados no presídio).

Em 2019, um processo judicial trouxe à tona os horrores da "cela zero" de Poggioreale, onde os detentos eram espancados — em alguns casos, até a morte — ou torturados, segundo relatos, ao bel-prazer dos agentes penitenciários. Em nosso primeiro encontro, no final de 2019, Pietro Ioia, ex-camorrista que atualmente dirige uma organização chamada ex-DON para antigos detentos da Camorra, mostrou cicatrizes de lesões sofridas na cela zero.

> **Com o passar dos anos, Poggioreale ganhou fama de "escola do crime", porque as pessoas saem piores do que entraram [...] os detentos eram espancados — em alguns casos, até a morte — ou torturados, segundo relatos, ao bel-prazer dos agentes penitenciários.**

As torturas foram contadas em livro e roteiro escritos por ele, bem como em uma peça de teatro com participação sua no elenco, encenada em Nápoles e Roma. O livro, *La Cella Zero: Morte e Rinascita di um Uomo in Gabbia* [Cela Zero: a morte e o renascimento de um homem atrás das grades], fez sucesso entre os camorristas e levou a uma batalha judicial contra doze agentes penitenciários. Com a pandemia, porém, o processo ficou em segundo plano. Conheci Pietro no ano de 2019, em uma cafeteria abafada nas redondezas do presídio, onde ele aguardava a soltura de um detento preso por afiliação à Camorra napolitana. Mal conseguíamos nos entender em meio ao barulho da chuva torrencial. A água castigava a tenda de plástico montada sobre as mesas da calçada, que foi inundada pelas valas entupidas, deixando nossos pés encharcados.

Junto a ele veio uma mulher chamada "Maria" que lidava com as detentas. Nos anos em que vivi na Itália, passei a desconfiar de toda Maria que não dava sobrenome, como era o caso daquela. Ela explicou de que forma poderia me infiltrar entre as mulheres que estavam sendo liberadas após terem sido presas por crimes relacionados à Camorra. Todas as minhas opções implicavam pagamento. Por fim, combinamos que eu contrataria uma das mulheres para ser meu "contato" e me ciceronear por aquele submundo, do mesmo jeito que pagaria alguém para ajudar a marcar entrevistas e servir de intérprete durante uma reportagem na Grécia, por exemplo. Disse que emitiria recibo, deixando a critério dela se declararia o serviço ou não — já sabendo que não o faria.

Pietro traçou um quadro vivo do sistema penitenciário napolitano. Contou das cicatrizes da tortura que sofreu após ser condenado por crimes de drogas ligados à Camorra. Os carcereiros, relatou, batiam com toalha molhada nos detentos, que eram obrigados a contrair os músculos antes das pancadas, para sofrerem ainda mais. Os presos também eram despidos e torturados por horas com cordas e objetos cortantes. Em um local desprovido de câmeras no presídio, muitos eram largados sozinhos em celas frias e escuras por dias, onde se contorciam de dor em meio ao próprio sangue e urina. Houve um tempo, quando iniciei a carreira na Itália, no qual eu teria acreditado piamente nesse relato e ficado horrorizada. No entanto, ao ouvi-lo, não pude evitar de me perguntar quanto daquilo era verdade e quanto era exagero para desmoralizar o Estado.

A "escola do crime" tem fama de transformar até infratores novatos em criminosos embrutecidos e de ser um lugar fácil de conseguir drogas e sexo. Ex-prisioneiros contam que é simples comprar cocaína e outras drogas que, pagando bem, são entregues nas celas por guardas corruptos. Lá também, por alguns euros, os detentos têm acesso a uma sala onde uma prostituta está sempre à disposição para pagar um boquete. Essa história é bastante difundida, o que não garante que seja verdadeira — tampouco que não seja.

O presídio de Poggioreale já não tem mais a ala feminina. Hoje, é para a Casa Circondariale Femminile, na cidade litorânea de Pozzuoli, que vão muitas camorristas. Por esse presídio passaram gerações inteiras, contou-me uma diretora. "A gente vê avó, filha e neta da mesma família que vêm parar aqui em razão do mesmo tipo de crime, todos ligados à Camorra", disse ela. Como acontece em penitenciárias no mundo todo, existe mais corrupção dentro da cadeia do que fora de seus muros.

No final de 2019, por meio de uma série de contatos, Maria me apresentou a algumas mulheres com pouco mais de trinta anos que tinham acabado de sair de presídios femininos. Todas haviam cumprido cerca de dez anos de pena por tráfico de drogas e outros crimes ligados à Camorra. A Itália tem cinco penitenciárias exclusivamente femininas, cada uma famosa a seu modo: Pozzuoli, perto de Nápoles; Trani, na Apúlia; Rebibbia, em Roma; Empoli, perto de Florença; e Giudecca, em Veneza. Várias outras prisões têm "alas femininas", sobretudo em regiões menos povoadas.

Conforme combinado com Maria, abordei uma ex-presidiária (vamos chamá-la de "Carmela") com minha proposta de trabalho. A detenta não apenas traduziria a linguagem, mas também o contexto das situações vivenciadas. Com a vantagem adicional (para mim, ao menos) de me dar proteção, embora fosse miudinha, ou seja, bem menor que eu. Ofereci o que pagaria a qualquer intermediário em circunstância semelhante. A negociação foi dura e só fechamos acordo depois de lhe mostrar os e-mails e recibos de antigos contratados.

Dias depois de acertarmos o preço, ficamos de nos encontrar no Quarteirão Espanhol, uma área barra-pesada de Nápoles. Ela recomendou evitar o uso de roupas caras ou acessórios chamativos. A orientação foi para chegar, subir a escada central até o último andar e bater na porta. Nada de elevador, avisou. O prédio era novo para os padrões italianos; devia ter sido construído na década de 1950, quando os auxílios financeiros do pós-guerra e a queda de Benito Mussolini encheram os bolsos da Camorra. O concreto todo remendado no exterior do edifício sugeria problemas de manutenção, e a fiação dependurada feito varal entre aquele prédio e o vizinho tinha todo jeito de "gato" de luz.

Por excesso de precaução — ou, como depois me dei conta, de estupidez —, levei somente meu telefone, um pouco de dinheiro e um envelope liso com o pagamento. Até troquei meu iPhone por um modelo mais antigo, que deixava para reportagens de desastres naturais e outras pautas em circunstâncias hostis. O restante ficou no hotel. Ou seja, saí sem nenhum documento. Hoje vejo como fui imprudente. Em caso de batida policial, seria conveniente ter uma identidade para mostrar.

Ruídos indistintos de rádio ou televisão eram o único sinal de vida de trás das portas dos apartamentos daquele prédio sujo e degradado. Em um dos pisos, o eco dos meus passos na escada fria de mármore irritou um cachorro, que começou a latir e arranhar a porta escura de um apartamento. No andar seguinte, atrás de outra porta, ouvi um bater de asas de passarinho. Conforme subia, sentia olhares desconfiados pelo olho mágico das portas, como se os bichos tivessem acusado a presença de estranhos no prédio. Ainda na subida, me ocorreu que deveria ter deixado o endereço do encontro com alguém, mas enviá-lo dali, das escadas, poderia causar mais alarme à toa.

Depois de muitos anos de cobrindo histórias do tipo, eu me acostumei a não dizer para amigos de fora da profissão aonde iria, pois me achavam louca por correr tantos riscos. Por outro lado, avisar a colegas jornalistas que estava indo a um lugar perigoso era como chover no molhado e mal gerava uma pontinha preocupação. Em resumo, ninguém sabia onde eu estava — na verdade, nem eu.

No quinto e último andar, a escada dava para o terraço do prédio. Logo à minha direita, via uma entrada debaixo de uma chapa de plástico corrugado, enegrecida por uma grossa camada de excrementos de pombos e equilibrada entre duas paredes, formando um pequeno toldo. Mais para dentro do terraço ficava um contêiner velho e enferrujado (há um cais nas redondezas). A porta sem janelas parecia uns dois centímetros mais alta que o vão. Por algum motivo, o contêiner foi içado para cima do prédio, talvez bem depois da construção da estrutura original, ou então o deixaram lá durante a obra.

O amplo espaço era atravessado por um labirinto de varais, encanamentos e fios emaranhados de antenas de tv, mas não vi nenhuma outra porta. Ao redor, havia uma mureta de tijolos toda pichada, tão baixa que não impedia ninguém de cair — ou ser empurrado. No piso de azulejos, sobressaíam manchas escuras de queimado.

Cheguei perto do contêiner e bati na porta mal-ajambrada. Podia ouvir o som abafado de vozes que pareciam divergir umas das outras com sussurros do lado de dentro. Esperei alguns minutos, até que uma garotinha abriu a porta. Devia ter uns 5 anos, no máximo, e vestia um moletom cor-de-rosa. Sem dizer nada, virou as costas e entrou, e eu a segui depois de fechar a porta. Fui conduzida por um pequeno corredor que, à esquerda, dava para uma sala de estar escura, que parecia ter sido acrescentada ao contêiner, e à direita, uma cozinha bem iluminada, com decoração kitsch rústica norte-americana. O papel de parede com estampa de chita azul já descascava. Cortinas brancas amarradas com lacinho emolduravam as janelas recortadas no antigo contêiner. Aqui e ali, aplicações de galos e galinhas decoravam as superfícies.

As bancadas eram cheias de potes em formato de galinha. Nas maiores estava escrito "farinha", e, nas menores, "açúcar". Todos os panos de prato eram estampados com aves. Havia na parede plaquinhas de madeira penduradas com os dizeres "bem-vindo" e "cozinha" em inglês, como era comum em casas da região onde cresci, na Dakota do Sul. Perguntei à menininha pela *mamma* dela; respondeu que ela tinha saído, porém a *nonna* estava em casa. Fui pega de surpresa. Achei que a mulher com quem ia me encontrar era nova demais para ser avó. Ouvi um barulho de descarga vindo do fim do corredor, e Carmela, que havia completado 30 anos no dia em que saiu da cadeia, entrou na sala. "*Nonna*", disse a criança. "A *signora* está aqui."

Carmela se instalou em uma cadeira da cozinha, sentando-se na almofada que cobria o assento, junto a uma mesinha de madeira. Pelo jeito, era seu lugar de sempre. Seus ombros franzinos pareciam um cabide; as saboneteiras saltavam da blusa vermelha de seda estampada com pequenos triângulos. Usava anéis em todos os dedos, até nos polegares, sem critério de valor: havia desde bijuteria barata até ouro dez quilates.

Já sentada à mesa, perguntei da decoração. Ela disse que havia visto um documentário sobre o Meio-Oeste estadunidense, e adorado o estilo country da cozinha. Tinha muita vontade de conhecer Wyoming um dia. A pronúncia dela saiu como "yaiyômin" e eu não a corrigi. No decorrer da conversa, um homem de regata e calça social cinza apareceu, saído do último quarto. Passou sem cumprimentar ninguém e foi para a sala, até um par de poltronas bergère vermelhas, tão gastas e desbotadas que pareciam saídas do lixo. Vestiu a camisa que estava dobrada em cima de uma delas e saiu calado.

Carmela e eu continuamos conversando como se nada tivesse acontecido.

"Como é se reintegrar na sociedade?", perguntei usando um tom inocente. Ela não testemunhou contra ninguém e cumpriu toda a pena; não precisava se preocupar com represálias ou outra coisa. Porém dava para perceber que seu interesse não era a reabilitação, ou talvez não houvesse essa opção, o que é mais provável. Ela contou que muito aconteceu enquanto esteve presa e havia muito assuntos para colocar em dia. Vários números de telefone não existiam mais e alguns conhecidos tinham morrido, no fim das contas.

Pelo nosso acordo, o objetivo não era escrever a respeito dela. Antes de ser presa, contou, já havia trabalhado para um jornalista da região. Sabia o que interessava aos repórteres. Entendi que Carmela não queria revelar muito da própria história ou acabar se incriminando, mas sem deixar de ganhar um extra. Enquanto aguardávamos a mãe dela para tomar conta da criança, a ex-detenta nos serviu um *espresso* em copinhos brancos de plástico.

A mãe de Carmela entrou cerca de meia hora depois. Devia ter uns 50 anos no máximo. Dei um olá e ela me cumprimentou com um silencioso aceno de cabeça, como que por educação. Estava na cara que eu era estrangeira e, de certo modo, qualquer um na minha condição, mesmo que seja fluente no idioma, fica travado quando recebe o olhar torto de quem não entende uma palavra do que ele diz.

A mulher se retirou depressa para o fundo do apartamento com a garotinha. Eu nem cheguei a ver a estrutura atrás, no entanto, por dentro, aquela estranha casa no terraço parecia muito maior do que por fora. Meses mais tarde, quando retornei para dar uma olhada no prédio, percebi que o contêiner, na verdade, se equilibrava entre dois prédios, formando uma espécie de ponte. Não conseguia me lembrar como era o piso do contêiner porque, da rua, a parte de baixo parecia bem carcomida, como se fosse ceder a qualquer momento.

Fora da vista da mãe, Carmela colocou o envelope que lhe entreguei com o dinheiro atrás do freezer. Saímos da cozinha country e descemos de elevador até o térreo. Fiquei pensando se aquela orientação de não usar o equipamento era para que todos os moradores vissem quem estava chegando e ninguém me confundisse com a polícia, o que implicava certo nível de cumplicidade — ou divisão de responsabilidade — entre todos. Também me perguntava quem morava nos outros apartamentos. Teria ela informado da visita? Será que achava que uma desconhecida podia ter ligação com a polícia ou representar risco? Também me ocorreu que Carmela quisesse ganhar tempo para esconder algo ou alguém, ou se preparar para me receber enquanto eu subia a escada. Ou, talvez, não quisesse ser vista saindo comigo. Apesar de ficar morrendo de curiosidade, não perguntei.

Já fora do prédio, eu a segui pelo labirinto de ladeiras de paralelepípedos que costuravam o bairro. Penduradas no alto, roupas lavadas, propagandas de pizzaria e bandeiras de países e times de futebol balançavam com a brisa do mar que sopra por Nápoles durante a maior parte do dia.

Seguimos até o pé de uma longa escadaria que leva ao morro de Vomero, de onde os ricos de Nápoles miram com desprezo a desordem urbana e contemplam vistas panorâmicas do Vesúvio, de Capri e além. No caminho, demos a volta no quarteirão pelo menos duas vezes, o que, na minha cabeça, ou servia para me impedir de memorizar o caminho, ou para despistar alguém nos seguindo.

Chegamos na frente de um arranha-céu estreito da época do pós-guerra. Carmela tocou duas vezes um dos botões plásticos do interfone, que indicava o nome de cada morador, e entramos pela porta destrancada do prédio. Subimos dois lances de escada, e uma bela jovem com cara de Sophia Loren abriu a porta antes de batermos. Vestia uma blusa azul néon, justa e trespassada, e jeans desbotado, com francesinha nas unhas bem compridas e perfume idêntico ao Chanel que uso.

"Sophia", como vamos chamá-la — já que concordei em não publicar os nomes verdadeiros —, foi criada na cidade natal de Pupetta, Castellammare di Stabia. Comentou que a "respeitava muito por acertar as contas pelo assassinato do marido". Os olhos escuros de Sophia encheram-se de lágrimas. Também estava grávida quando foi presa, explicou, porém perdeu o bebê no início da gestação. "Me deram veneno e mataram meu bebê", afirmou convicta. "Fizeram o mesmo com outras meninas."

Sophia abriu um maço de cigarros Diana e fumou um atrás do outro enquanto contava que, quando ainda era bebê, seu pai foi morto pela máfia e que, aos 12 anos, perdeu sua mãe (que teve outros casamentos após a viuvez) devido a um câncer de mama.

"Dali para a frente, passei a me virar sozinha", conta. "Nunca tive namorado sério." O pai do bebê, pelo visto, não contava. De vez em quando, Carmela me perguntava, no mesmo dialeto napolitano que Sophia, se eu estava acompanhando. Respondia que sim, porém fazia anotações para conferir com ela depois, em caso de necessidade.

A história de Sophia é trágica, mas não de todo incomum naquela parte da Itália. As meninas sem família no crime para lhes dar suporte não têm oportunidade de subir na hierarquia de nenhuma organização mafiosa e vivem como escória, servindo de mulas ou cometendo pequenos delitos. Sem nome forte, nem para casar servem, uma vez que não oferecem perspectiva de aliança. "Comecei a trabalhar com drogas para o pai da minha amiga", diz Sophia, quando lhe pergunto o que a levou à cadeia. "Com a polícia na nossa cola, era óbvio que sobraria para mim, que não tenho as costas quentes."

As meninas sem família no crime para lhes dar suporte não têm oportunidade de subir na hierarquia de nenhuma organização mafiosa e vivem como escória, servindo de mulas ou cometendo pequenos delitos.

Os tempos de cadeia foram extremamente difíceis, contou. Já que ninguém lhe mandava grana, comida, ou roupa, precisou ganhar dinheiro "trabalhando" para outras detentas para poder comprar tabaco, que usava para enrolar seus próprios cigarros. "Passei maus bocados", comentou, baixando os olhos para a mesa. "Nessas horas, a gente vê que está sozinha."

Quando perguntei que tipo de "trabalho" fazia, a mulher olhou nervosa para Carmela. "Era uma espécie de empregada", disse, depois de uns segundos. "Lavava a roupa delas e fazia tudo que quisessem." Tentei fazer com que se abrisse mais e comentasse os boatos de redes de prostituição nos presídios femininos, mas ela não mordeu a isca.

À medida que a conversa avançava, Sophia ia ficando mais nervosa. Conferia as mensagens no celular e olhava as horas a cada dois ou três minutos. Por fim, mirou Carmela de forma significativa, e me disse que havia chegado a hora de ir. Compreendi que nossa permanência poderia prejudicá-la, ou talvez a nós três. Quando abrimos a porta, tomei um choque: havia um homem parado no corredor, a poucos passos da porta. Estava na cara que conhecia Carmela. Ele a agarrou pelo braço bem forte e lhe falou algo em dialeto napolitano, que não compreendi. Agiu como se eu não estivesse ali.

Carmela e eu descemos as escadas em silêncio até a saída. Estava morrendo de medo, contudo tentava disfarçar. Perguntei se tínhamos arrumado encrenca para Sophia, e a ouvi dizer que a amiga sabia se cuidar. Tentei obter informações relacionadas ao sujeito, se era cliente de prostituição, cafetão, traficante ou usuário — a aparência condizia com todas as opções. Carmela me olhou como a uma criança perguntando se Papai Noel existe.

"Vai saber", respondeu, mesmo sendo óbvio que ela sabia.

Saímos do Quarteirão Espanhol, passamos pela antiga casa de ópera San Carlo e seguimos para a elegante área ao longo da Riviera di Chiaia, uma das vistas mais incríveis do lado bonito do Vesúvio. É o ângulo mostrado nos cartões-postais — o lado oposto do vulcão que se avista em Castellammare di Stabia. Lá, conhecemos uma mulher (a quem chamarei de "Rita") que, segundo Carmela, foi presa como cúmplice de homicídio, capturada pela polícia com o então namorado, pistoleiro de aluguel da Camorra. Rita não desconfiava que o namorado estivesse no meio de um "serviço" quando lhe pediu que assumisse a direção e mantivesse o carro ao lado de um caminhão em uma estrada secundária. "Do nada, ele sacou uma arma e começou a atirar", ela falou. "Fiquei chocada."

Perguntei a Rita por que não testemunhou contra o namorado para evitar a prisão, mas sabia que ela havia mentido para mim. Li o relatório da polícia, e suas digitais estavam em uma das armas que ajudou a recarregar.

"Se fizesse isso, me matariam", respondeu Rita. Disse não querer reencontrar o antigo namorado, que ainda está preso, quando ele for solto. "A gente tinha acabado de se conhecer", explicou. "Além do mais, ele é casado."

Rita trabalhava no armazém de peles e ateliê de costura da tia, onde a elite napolitana guarda estolas de vison e raposa em refrigeração adequada para serem usadas no inverno. Faz bainha e troca botões que soltam das peles e roupas de grife. "Nossos clientes são bem ricos", contou de uma forma que entendi que lucravam com atividades ilícitas diversas. Posteriormente, pesquisei acerca da loja. Estava registrada como lavanderia, em nome de um homem.

Os pais de Rita foram mortos por tiros disparados de um carro em movimento, quando ela era adolescente. Morou com a tia a vida inteira — que se divide entre antes e depois da cadeia. O tio se suicidou fazia alguns anos.

"Comprimidos", informou, quando perguntei do suicídio. Tomar uma pílula de cianureto para não ser preso é a forma de suicídio mais típica da máfia, mas achei melhor não perguntar o que o tio dela tomou. Estava implícito na fala, não precisava chover no molhado.

Rita explicou que teve diversos namorados da Camorra que "eram uns amores", mas nunca assumiam compromisso. A verdade era que, por não ser de família de nome forte (assim como Sophia), ela servia para namorar, não para casar.

Quatro dias após a entrevista, Rita foi presa por traficar drogas usando a loja da tia. Na mesma operação policial, mais de uma dezena de camorristas foram capturados. Dois meses depois, Sophia também voltou a ser presa por tráfico. Mulheres envolvidas no crime não têm chance real de reabilitação. Mesmo que quisessem cortar vínculos, antes teriam que tornar-se delatoras. E o risco de contribuir com a Justiça, para muitas, é imenso. Carmela, inclusive, sumiu após nosso encontro. Nunca mais atendeu minhas ligações ou retornou as mensagens.

Quando conheci Pietro, ex-detento e defensor dos presos vítimas de tortura, perguntei se tinha medo ou se sentia ameaçado por ajudar aquelas mulheres depois de saírem de presídios barra-pesada. Naturalmente, já parti do princípio de que o grupo dele estava tentando ressocializar as ex-presidiárias para recomeçarem suas vidas longe do crime. "Medo por quê?", questionou. "Elas são gratas por terem a mim para ajudar os filhos e amigos delas a se reerguerem."

Alguns dizem que hoje existem tantas mulheres envolvidas no crime organizado, pois somente agora a polícia começou a reconhecê-las e prendê-las. Outros argumentam[1] que as quadrilhas evoluíram, deixando de lado a violência pura e investindo em crimes de colarinho-branco, e, por isso, precisam de pessoas mais qualificadas. No sul da Itália, a permanência escolar é maior entre as mulheres. Entre as famílias mafiosas, muitas vão estudar fora. No exterior, onde parecem apartadas de seus laços criminosos, sondam a cultura local à procura de brechas para se infiltrarem.

Seja qual for a explicação, dados do Ministério da Justiça italiano confirmam que, em setembro de 2022, havia mais de 150 mulheres cumprindo pena nos presídios do país por crimes ligados à máfia — uma estatística recorde.

O crime organizado não é um clube onde você entra, vê como é e, se não gostar, ou não for bem o que você esperava, sai quando quer. Também não é só entrar e pronto. Quem não nasce no crime tem que ser escolhido e indicado, à imagem da sociedade italiana, em que os melhores empregos vão para quem tem *raccomandata*, isto é, recomendação sólida. No mundo do crime, aspirantes do sexo masculino sem família criminosa têm que ser apadrinhados, e, se pisarem na bola, é sempre o padrinho que morre primeiro. Filhos e filhas de mafiosos não escolhem livremente se vão ou não pelo caminho do crime. A única escolha é se querem sair dele um dia. Mesmo assim, só saem mortos ou com ajuda da polícia.

Hoje bem conhecida, a máfia 'Ndrangheta teve uma ascensão global tardia. De origem rural, vivia de extorsão, sequestro e pequenos contrabandos até a década de 1990, quando expandiu suas atividades para o narcotráfico internacional. As células são conhecidas dentro do grupo como *'ndrine* (no singular, *'ndrina*), e não "clãs", como na Camorra napolitana. A estrutura de poder horizontal assemelha-se à do grupo de Nápoles, em que vários chefes de agrupamentos familiares detêm igual poder, em vez de responderem todos a um grande *don*. As linhagens familiares são importantíssimas. Tradicionalmente, mulheres ficam de fora das principais decisões, porém há exceções dignas de nota que indicam um papel mais relevante do que os especialistas gostam de admitir, dada a forte misoginia que domina o sul da Itália. Alessandra Cerreti, por sua vez, diz que o papel feminino nas facções é tão variado quanto as próprias facções. A Camorra, de acordo com ela, é bem mais liberal e tem até lésbicas em cargos de chefia. Já na 'Ndrangheta, o esperado é que as mulheres se encarreguem de doutrinar os filhos para perpetuar o mal.

Diversas vezes a Itália foi descrita como um país esquecido pelo feminismo, representação que se confirma em quase todos os setores da vida cotidiana. Acompanhei Laura Boldrini por um bom tempo quando ela palestrou no evento *Women in the World*, em Nova York, na esteira do movimento #MeToo. Uma das mulheres mais combativas da política italiana, Boldrini foi presidenta da Câmara dos Deputados, na época o mais elevado cargo político já ocupado por uma mulher na Itália. No entanto o assunto que a levou para lá foram as agressões horrendas que sofreu por denunciar o tratamento dispensado às mulheres. Ela vinha recebendo ameaças de morte e estupro nas redes sociais, e compartilhou as postagens para expor os autores. Porém, em vez de coibir, a denúncia só fez piorar os ataques. Até mesmo o então ministro do Interior, Matteo Salvini, do partido de extrema-direita Lega Nord, entrou no meio, exibindo uma boneca inflável em pleno comício e referindo-se a ela como sósia de Boldrini.

Menos da metade das mulheres italianas trabalham fora. As que trabalham se deparam com cargos cujo nome e descrição revelam preferência por homens: em italiano, não há como flexionar para o gênero feminino as palavras "ministro" ou "advogado", por exemplo. A razão, segundo Boldrini, é que as mulheres ficaram excluídas por muito tempo do mercado de trabalho. "'Feminismo', na Itália, é uma palavra que carrega um enorme estigma", comenta ela. "As pessoas ficam com medo de usar, como se ser vista como feminista fosse um problema."

Acontece sobretudo nas regiões do sul da Itália. Ali, as mulheres sofrem forte repressão tanto em casa como no trabalho. A dinâmica familiar da 'Ndrangheta é complicada de destrinchar, todavia é evidente que, com a consolidação internacional do grupo criminoso, as mulheres são uma peça fundamental no quebra-cabeça.

A primeira vez que a 'Ndrangheta apareceu nas principais manchetes globais foi quando responderam pelo sequestro do neto de J. Paul Getty, magnata do petróleo estadunidense. Eles pediram resgate de 17 milhões de dólares e achavam que seria fácil conseguir. O bilionário supôs que o neto rebelde, que havia ido para Roma com a mãe, estivesse armando para lhe arrancar dinheiro. Relutou em acreditar na existência da 'Ndrangheta, ou que o rapaz estivesse em poder de mafiosos, até que os sequestradores enviaram um pedaço da orelha de seu neto para a mãe do refém. Então, Getty negociou com os criminosos, que aceitaram 2 milhões de dólares e soltaram o rapaz.

As cenas retratadas em um filme de 2017 sobre o caso, *Todo o Dinheiro do Mundo*, não chegam nem perto da crueldade com que a 'Ndrangheta trata reféns enquanto negocia o resgate. Quando acontece de a família não poder ou não aceitar pagar, é comum que as vítimas tenham os membros decepados ou dissolvidos em ácido, um por um, até a morte. Por mais que o neto de J. Paul Getty tenha perdido a orelha, há casos piores. Das duas, uma: ou o rapaz sofreu mais do que disse, ou o bando pegou leve com ele, talvez por conta de algum acordo nos bastidores.

Na 'Ndrangheta, pais forçam filhas a casamentos arranjados entre *'ndrine* de famílias com afinidades. A oferta costuma servir como gesto de conciliação ou trégua[2] e relega as mulheres a papéis de aparente submissão. Embora estudiosos da máfia avaliem que o avanço das mulheres na 'Ndrangheta é mais lento que em outras organizações criminosas da Itália, não há dúvida de que são cruciais para manter o ciclo do crime.

A procuradora Cerreti é pioneira nos estudos relacionados à contribuição feminina na 'Ndrangheta. Com cabelos castanhos, franzina e de olhos penetrantes, ela tem faro apurado e capacidade de captar a índole das pessoas que cruzam seu caminho antes mesmo de ler a ficha delas.

Menos da metade das mulheres italianas trabalham fora. As que trabalham se deparam com cargos cujo nome e descrição revelam preferência por homens: em italiano, não há como flexionar para o gênero feminino [...]

A porta do gabinete dela no tribunal de Régio da Calábria era feita de metal maciço, à prova de bala, e, ainda por cima, blindada contra a explosão de carros-bomba (se alguém algum dia chegasse a tanto, já que, antes, teria que passar pela barreira reforçada que protegia o edifício). O receio foi justificado em 2013, quando Cerreti era a estrela em ascensão da força-tarefa de combate à máfia local. A procuradora havia acabado de convencer Giuseppina Pesce, ou Giusy, a se voltar contra a própria família, que era parte da 'Ndrangheta. Giusy deu informações que levaram à prisão e condenação de cerca de oitenta bandidos do clã, incluindo o próprio pai. No tribunal, Salvatore Pesce ameaçou matar Cerreti e o marido dela (por sinal, agente antimáfia dos *carabinieri*, uma das forças de segurança da Itália) — o que era o mesmo que encomendar a morte da procuradora. Contra a filha, Pesce não fez ameaças públicas, porém era sabido que ela também corria perigo.

Com toda aquela atenção, Cerreti acabou se tornando uma das procuradoras antimáfia mais poderosas da Itália. Ela passou a investigar rebeldes terroristas em Milão apenas dois anos após a CIA e o serviço secreto italiano capturarem, na mesma cidade, o clérigo egípcio Abu Omar para supostamente torturá-lo em uma ação que fazia parte da "guerra global contra o terrorismo" do governo Bush. Em seguida, a procuradora foi para o sul da Itália, onde enfrentaria uma das quadrilhas mais violentas do mundo.

Conheci Cerreti no início de 2021, em Milão, cercada por dois guarda-costas. Em vez da porta blindada, ficava atrás do acrílico de um gabinete no andar superior do tribunal de Milão. Estava com os cabelos mais longos do que quando trabalhava na Calábria e usava uma máscara PFF2 cor-de-rosa. Agora no rico norte da Itália, a procuradora está concentrada em arrancar as profundas raízes da 'Ndrangheta e da Cosa Nostra siciliana, buscando minar o enorme alcance das facções. Continua sob escolta policial permanente, desde as ameaças de Pesce.

Cerreti tem convicção de que as mulheres cumprem uma função essencial nas organizações criminosas da Itália. São a liga que une as famílias do crime. E, como tal, são a ferramenta certa para separá-las — sobretudo quando se consegue convencê-las a depor para o bem dos filhos.

"Ninguém segura uma mãe disposta a tudo para proteger os filhos", diz, ressaltando que, como informantes, essas mulheres podem arruinar a facção cortando o mal pela raiz, o que as torna um perigo para o crime organizado.

À primeira vista, Cerreti não parece ter o perfil de quem ocupa a importante posição de braço direito da Justiça italiana. Possui a assertividade que é comum aos advogados, porém sua ironia e senso de humor revelam um lado mais desarmado do que se poderia supor. Gostei dela logo de cara, mesmo ladeada de guarda-costas vestidos à paisana e com coldre para pistola no peito. É bem risonha para alguém com tamanha responsabilidade pesando em seus ombros. Toda mulher que a procuradora convence a depor corre risco de ser assassinada. O crime não perdoa quem abre o jogo, e Cerreti sabe bem da importância dessas testemunhas. Mas não as chame de *pentiti*, avisa. "Elas nunca se arrependem." Ela prefere o termo *colaboratore di giustizia,* ou seja, "colaborador da Justiça". Em uma afirmação contraditória para o machismo tão característico da cultura da máfia, afirma que, invariavelmente, os homens colaboram para salvar a própria pele, ao passo que as mulheres colaboram para salvar os filhos.

O objetivo da procuradora é acabar com o que chama de "predestinação" no crime organizado, que ensina meninos a manusearem facas e armas de fogo ainda na puberdade, e meninas a aceitarem que um dia serão moeda de troca em revanches ou dadas em casamento para forjar alianças. "O segredo são as crianças", afirma. "Não que seja fácil."

Cerreti acredita que as mulheres continuarão a servir como peças fundamentais das organizações criminosas nos tribunais. Em 2000, por exemplo, um tribunal de Milão foi o primeiro a condenar uma mulher como "irmã de *omertà*" após concluir que era "membro pleno da 'Ndrangheta",[3] ignorando desertores que a conheciam e disseram que não era verdade, que embora tivesse algum poder, nunca foi oficialmente admitida.

Por essas e outras que as mulheres escaparam da mira da Justiça por tanto tempo. Estudiosos da máfia ficaram muito presos à ideia de que só quem participa do ritual de iniciação se torna agente da máfia. As três mulheres da máfia Camorra que conheci eram claramente parte da organização. Não terem sido "iniciadas" as tornava menos criminosas?

Tal modelo de subserviência feminina se repete em cada âmbito da sociedade italiana, seja no profissional ou no pessoal. Nos meus primeiros anos em Roma, fiquei estupefata com a misoginia escancarada que me atingia das formas mais sutis. Cansei de ouvir coisas como "mande seu marido", e até, quando mais jovem, "mande seu pai", para tratar de assuntos tidos como masculinos — como comprar em loja de ferramentas ou resolver problemas mecânicos do carro.

Essa postura com as mulheres é difícil de assimilar. Quando cheguei à Itália, uma amiga nativa me disse que era mais fácil aceitar e valer-se desse desdém para ficar na surdina. Advertiu que lutar era cansativo e inútil, e que a maioria das italianas aprendeu a usar isso a seu favor. Lembro que, quando estava no final da gestação do meu primeiro filho, entrevistei um figurão da política italiana. Era um verão escaldante, e o político me dizia o tempo todo que eu não devia trabalhar em estágio tão avançado de gravidez e ficava pedindo para sua assistente me trazer água. Fez questão de que eu colocasse os pés para cima e me sentasse em uma almofada. Vez por outra, até criticou a "falta de sensibilidade dos meus chefes estadunidenses", por mandar uma mulher grávida trabalhar em um dia quente como aquele. Enquanto isso, fui fazendo perguntas que culminaram em uma reportagem cheia de revelações. Em outras circunstâncias, duvido que abriria o jogo tanto quanto fez.

Muitos italianos olham para as estadunidenses de modo diferente a como olham para suas conterrâneas. Em parte, por saberem (ou imaginarem) que "nós" não toleraremos os disparates que elas suportam. Quando o movimento #MeToo rompeu pela primeira vez a barreira da hierarquia sexual, a reação imediata dos italianos foi fazer pouco caso do escândalo. O papel da modelo filipino-italiana, Ambra Battilana Gutierrez, que usou escuta em uma conversa com Harvey Weinstein, contribuiu para o descrédito geral. O episódio ficou famoso porque Weinstein se masturbou na frente dela até ejacular em um vaso de planta. A percepção dos italianos era a de que a presença da mulher durante o ato, por algum motivo, amenizava o crime. De modo previsível, a imprensa soltou matérias e mais matérias com fotos sensuais da modelo, o que dava a entender que ela havia provocado o abuso que sofreu, e que a sacada de gravar o magnata de Hollywood, hoje desmoralizado, não poderia ter partido dela.

A Itália foi um dos poucos países do Ocidente que não ajustou as contas em relação ao próprio preconceito sexual. Em grande parte porque as próprias mulheres se deixam desmerecer. Como advertiu minha amiga, elas preferem contornar o problema a bater de frente. Até minhas amigas italianas torceram o nariz para o movimento #MeToo. Para elas, custava acreditar que uma mulher pudesse ser forçada a ir para a cama com o chefe ou outro homem em posição de poder. Não negavam que acontecia, mas acreditavam que era uma forma de tirar vantagem da irracionalidade dos homens.

Isso vale também para o crime organizado, no qual, vira e mexe, as mulheres cometem crimes hediondos em nome do grupo, sem que a polícia perceba. Mesmo quando conquistam o respeito dúbio que o sucesso no crime proporciona, são subestimadas pela polícia porque "máfia não é lugar de mulher". No entanto, cada vez mais elas são investigadas por cometer crimes extremamente violentos. Não faz sentido que sejam eximidas de homicídio ou lavagem de dinheiro só porque não têm a carteirinha do Clube do Bolinha. Talvez, de certa forma, estejam indo na onda, aproveitando a misoginia para ficar na surdina.

Cerreti me disse que a principal tarefa das mulheres na máfia é ajudar a corromper os filhos. Enquanto a maioria das mães ensinaria uma criança a perdoar, na 'Ndrangheta é ensinado que não só podem, como *devem* revidar. A ideia é incutir nos filhos papéis de gênero e responsabilidades bem definidos para passar adiante a cultura do crime, além de desestimular qualquer subversão que inspire respeito à lei e traição ao clã.

Com poucas exceções, a mulher da máfia nasce ou casa sob o jugo de famílias criminosas, que só é quebrado no caixão ou no banco das testemunhas contra pais, irmãos ou maridos. Assim, ela acaba normalizando a criminalidade, inventando desculpas para crimes hediondos e racionalizando desde a extorsão até o homicídio. Como mães, é seu dever primordial doutrinar os filhos na vida bandida, ensinando-lhes, em suma, a fazer sempre o mal e a priorizar a vingança em detrimento do perdão.

Mais tarde, quando os filhos crescem, a *mamma* da máfia fornece álibis intocáveis, esconde contrabando debaixo da cama, defende as crias em público e aguenta suas agressões.

Mesmo com papéis maternos bem definidos, é claro que as mulheres são mais do que mães nessas quadrilhas. Se a cadeia é a escola do crime e embrutece os criminosos, o lar da família mafiosa é o jardim de infância onde se lançam as sementes para aculturar os homens honrados de amanhã. Em 2019, Agostino Cambareri, pai de 46 anos e membro da 'Ndrangheta, foi preso por colocar o filho de 8 anos para fazer corte de cocaína e empacotar maconha para vender. Segundo a polícia, o menino também teria ajudado a enterrar, em cova rasa, pelo menos um homem morto pelo pai. De acordo com um informante que viu tudo, o corpo, aliás, foi enterrado sem caixão. Se Cambareri não tivesse sido preso, o menino poderia aprender o crime por mais dez anos com o pai até ter idade para ser iniciado de fato.

Há também o caso de Rita Di Giovine, da 'Ndrangheta, cuja trágica história familiar será tratada mais à frente. Desde cedo, foi obrigada pela mãe a encher frascos de xampu com doses exatas de heroína. Testemunha de grande importância e *pentita* da máfia, Rita foi presa com mil comprimidos de ecstasy em sua posse. A mãe, que a obrigava a contrabandear a droga, não havia passado pelo rito de iniciação da máfia. Isso a tornava menos criminosa que Agostino Cambareri?

Pasqualino, primogênito de Pupetta, desapareceu sem deixar rastros depois de um encontro que teria com o novo namorado da mãe, Umberto Ammaturo. O sujeito havia prometido preparar Pasqualino para a Camorra. Apesar de seus defeitos, todos documentados com fartura, ela faria qualquer coisa pelo menino (assim como pelos outros filhos) — menos cooperar com as autoridades para fazer justiça ao filho.

O destino de Pasqualino era assunto delicado nos encontros com Pupetta. Sempre que nos víamos, eu a questionava a esse respeito, e, sem exceção, era cortada com uma angústia no olhar que transparecia não propriamente remorso, mas sim uma ponta de pesar. "É muito doloroso lembrar dessa época", se limitava a falar. No entanto, em meados da década de 1990, ela contou à jornalista Clare Longrigg[4] que estava certa de que Ammaturo, com quem teve gêmeos, foi o responsável pela morte de Pasqualino, e que só queria saber onde o corpo estava enterrado. Não dá para imaginar o nível de lavagem cerebral capaz de levá-la a guardar segredo, por décadas, de que o pai de seus filhos mais novos poderia ter assassinado seu primogênito. E por que ele fez isso? Porque o menino era filho de um integrante do clã rival, que estava morto havia mais de duas décadas.

Repetidas vezes, mulheres como Cerreti — que desafiam uma lealdade mais forte que o bom senso — tentam abalar a tradição de proteger o mal. Todas as suas conquistas podem ter um custo terrível para as mulheres da máfia que traem suas famílias, no entanto ela sabe que, uma vez quebrado o vínculo tóxico, a brecha criada pode levar a prisões e condenações e, por conseguinte, salvar vidas.

Os Bravos e as Mansas

A Poderosa Chefona
E OUTRAS MAFIOSAS

3

"Tive que me desvincular de tudo aquilo para recomeçar a vida. Não olho para trás; não adianta ficar imaginando se hoje eu faria diferente."

Enquanto Pupetta cumpria pena por matar o assassino do primeiro marido, os guardas serviam como porteiros aos vários pretendentes que imploravam para visitá-la. A bela e corajosa justiceira inspirava poemas e canções de amor e se deleitava com toda aquela atenção. "Ajudava a matar o tempo", disse.

Pupetta estremeceu quando lhe perguntei como era criar um bebê no famigerado presídio napolitano de Poggioreale. Deram permissão para mantê-lo em sua cela escura de canto até que o menino completasse 4 anos. Falei dos meus filhos, ambos meninos, e ela pediu para ver fotos. Mostrei as fotografias mais antigas armazenadas no celular, e seu olhar lembrou o de uma avó. Contei que as crianças foram criadas na Itália enquanto os avós moravam nos Estados Unidos e no Canadá, por isso tiveram muito pouco contato. Aquilo sempre cortou meu coração. Então me contou do desgosto de sua própria avó devido ao casamento com Pascalone, e da expectativa que a anciã nutria de que Pupetta encontrasse alguém de fora daquele círculo (entendi que se referia ao submundo do crime).

"Ela ficou decepcionada comigo", disse Pupetta. "Nunca julguei as escolhas dos meus filhos porque me doeu muito minha avó não respeitar as minhas."

Depois que saí da casa de Pupetta, pesquisei sua família e descobri que as duas avós dela tinham morrido na década de 1940, muito antes de conhecer Pascalone. Fiquei intrigada com aquela mentira. Tentava ganhar minha confiança ou confundia a avó com alguma tia ou outra mulher da família que era importante para ela? Pensei que talvez quisesse conquistar minha simpatia, contudo, não tenho dúvida, ela sabia que eu conferiria tudo que dissesse. Quando voltei (mal sabendo que seria minha última visita antes de Antonella, filha de Pupetta, me expulsar para sempre), lhe perguntei se a avó que não gostava de Pascalone era materna ou paterna. Não tinha feito essa pergunta ainda. Ela sorriu e mudou de assunto rapidinho.

Criar um filho em um presídio barra-pesada como Poggioreale proporcionou regalias que outras detentas não tinham (não que isso mudasse a amarga experiência de estar presa). Ao contrário do restante da população carcerária, que vivia em grandes celas semelhantes a alojamentos, com treliches e apenas um banheiro no canto da cela, as detentas que eram mães ocupavam celas individuais ou para duas pessoas, com um caixote de madeira no chão ao lado da cama, forrado com um colchãozinho para o bebê. Pasqualino tinha alguns brinquedos e livros, e Pupetta podia levá-lo para brincar no parquinho da penitenciária uma ou duas vezes por dia. Na maior parte das vezes, porém, ela inventava brincadeiras ou cantava para o bebê no chão frio da cela.

Os primeiros amiguinhos de Pasqualino foram os filhos de outras detentas da máfia. Muitas cumpriam penas curtas por participação em crimes cometidos pelos parceiros, e quando saíam, não esqueciam a madrinha da última cela. Pupetta ria ao relembrar as coisas que as ex-companheiras de cadeia levavam às escondidas para ela nas visitas ao presídio, que iam desde vinho branco até trufas. Ela foi uma das poucas mulheres presas por assassinato nos anos 1950. A extensa pena lhe dava uma autoridade de veterana, e seu crime logo conquistava o respeito de todas que chegavam.

Vingar uma morte, no caso a de seu marido, era tarefa de homens, e não havia outras mulheres que pudessem se comparar a ela. Na escola do crime, ela era, ao mesmo tempo, a oradora e a valentona da classe. As outras detentas obedeciam suas ordens, desde trocar a fralda suja de cocô de Pasqualino durante o período de recreação até ficar de babá quando ela se cansava da choradeira. As histórias de seus dias na prisão — que foram publicadas na época — diferem bastante de suas lembranças ou da versão que prefere contar. É indiscutível o direito que cada pessoa tem de reescrever a própria história (mesmo quando sua biografia se perpetua nos registros policiais, como é o caso de Pupetta). Todavia era espantosa a facilidade com que Pupetta escolhia alterar completamente sua trajetória.

Vingar uma morte, no caso a de seu marido, era tarefa de homens, e não havia outras mulheres que pudessem se comparar a ela. Na escola do crime, ela era, ao mesmo tempo, a oradora e a valentona da classe.

O que se sabe é que, nos tempos de cadeia, Madame Camorra recebia propostas de casamento e presentes quase todo dia. A maior parte deles vinha de camorristas que queriam pegar carona no sucesso dela quando saísse. Porém era dentro do presídio que ela deitava e rolava, comandando do topo toda a hierarquia de esposas e namoradas encarceradas. Ali dentro, ela montou um esquema bem parecido àquele que o finado marido mantinha fora. Distribuía "favores" para as detentas que obtivessem informações do mundo exterior nas visitas, e depois as repassava aos homens do clã de sua escolha, se fosse conveniente.

No dia em que completou 4 anos, Pasqualino foi tirado da cela de Pupetta para morar com a avó e frequentar a escola. Quando a mãe saiu da cadeia, o menino já tinha 10 anos e chamava a avó de *mamma*.

De volta às ruas, Pupetta estava pronta para seguir em frente e começar uma nova vida (ela descrevia a saída da prisão como uma espécie de renascimento). Procurou a imprensa, deu entrevistas para marcar presença e cortejou vários diretores para descolar uma carreira no cinema. "Foi assustador e libertador ao mesmo tempo", contou. Em diversas entrevistas, condenou o sistema penitenciário e o tratamento dispensado a ela e a outras presas, mesmo com todas as regalias de que desfrutou nos últimos anos de cadeia. Depois de tantos anos afastada na "escola do crime", não havia espaço para reabilitação no recomeço idealizado por Pupetta, embora a mim tenha dito que queria uma vida mais direita. Nunca sentiu remorso pelo crime cometido. Aliás, sempre disse que faria de novo, e continuou dizendo o mesmo do alto dos seus 80 anos. Julgava que era seu dever, uma mistura dos princípios herdados do pai e da influência do marido. Se não tivesse matado Grande Tony, provavelmente acabaria casada com algum aliado, para sempre esquecida e reduzida ao papel de esposa de camorrista. Não era esse o legado que ela queria. Não precisava vingar a morte do marido, e nem a sociedade lhe cobrava que o fizesse — muito menos nos anos 1950. Sem a influência das redes sociais e da internet, ela teve liberdade para agir e o assassinato cometido poderia, inclusive, ter passado impune.

Na velhice, tanto pessoalmente quanto nas entrevistas mais recentes, Pupetta se mostrava ainda menos arrependida; chegava a dar a impressão de que havia tido uma existência muito bem vivida. Estava, sem dúvida, feliz com seu célebre legado. Aliás, aposto que ia adorar saber que, logo após sua morte, a polícia de Nápoles proibiu que fosse realizado um velório público. Quando fui colocar flores em seu túmulo, as autoridades me barraram com o argumento de que ela não podia ser celebrada, que a morte de mafiosos já era muito romantizada. Sei que ela adoraria ter essa importância toda. Acabei deixando as flores no túmulo ao lado.

É difícil imaginar uma figura como Pupetta na era do Instagram. Mesmo sem seguidores ou curtidas, ela já era capaz de criar uma imagem fascinante de mulher poderosa, com vestidos de couro, gargantilhas e blusas decotadas. Sempre me dizia para narrar aos estadunidenses todas as histórias que me contava. Penso que adoraria a ideia de gente de outros países lendo a seu respeito.

Ela convocava a imprensa, tinha homens a seus pés, e as pessoas ouviam as decisões que tomava, mesmo sendo uma mulher que tinha tudo para não convencer ninguém como mafiosa. Para a procuradora Cerreti, Pupetta foi uma influenciadora à frente de seu tempo. Sabia que a imagem de "mafiosa" destemida traria prestígio no mundo lá fora, mesmo sem tanto respaldo dentro da organização. "É uma mulher que criou a própria independência, manifestada tanto no crime que cometeu como na imagem que cultiva hoje", descreveu a procuradora.

Alguns anos após a soltura de Pupetta, em 1965, uma das detentas de seu círculo mais próximo serviu de cupido entre ela e Umberto Ammaturo. Subchefe da Camorra, ele tinha queixo quadrado, cabelos escuros e ondulados, e grossas costeletas que modelava à perfeição com uma navalha que, segundo rumores, já teria retalhado mais de um inimigo. Na visão de Pupetta, não se comparava a Pascalone, seu grande amor, apesar de ser atraente. Além do mais, já havia amargado anos demais de solidão. O importante, no entanto, era que não estaria se contentando com menos, pois ele gozava do mesmo status que Pascalone. Ainda assim, ela deveria ter interpretado a alcunha de Ammaturo, *'o Pazzo* ("o maluco"), como um alerta do que estava por vir.

Responsável pelas rotas de tráfico da cocaína que entrava e saía da América do Sul, Umberto era fluente em espanhol. Tinha pavio curto e, segundo Pupetta, costumava descontar a raiva nela e em Pasqualino, que havia voltado a morar com a mãe depois de sua soltura.

Umberto começou no crime como *guaglione*, pivete que batia carteiras de turistas e servia de olheiro para avisar da aproximação da polícia. Logo chamou a atenção de homens mais experientes, admirados com seu talento para a delinquência. Foi galgando rapidamente os degraus do crime até que, no começo dos anos 1960, era encarregado exclusivamente de traficar cigarros para a Camorra.

Possuía ligações com Tommaso Buscetta,[1] um dos principais informantes da máfia siciliana nos chamados maxiprocessos da Itália e responsável pelo desmantelamento da Cosa Nostra na década de 1990. Com a morte do informante, em consequência de um câncer, descobriu-se que ele morava com a família na Flórida havia anos, sob novo nome e proteção policial. Tommaso testemunhou contra alguns dos maiores mafiosos da Sicília e dos Estados Unidos, em audiências realizadas entre 10 de fevereiro de 1986 e 30 de janeiro de 1992.

Além de várias prisões na máfia estadunidense, os julgamentos impulsionaram a carreira de Rudolph Giuliani, na época um jovem promotor em Nova York. Graças ao depoimento de Tommaso e de outro delator, 338 pessoas foram condenadas, ao todo, a 2.665 anos de cadeia. Com isso, Giuliani se tornaria um dos maiores promotores antimáfia da história dos Estados Unidos e levaria centenas de criminosos à Justiça ao longo de sua carreira.

Umberto e Pupetta se deram bem logo de início. Após alguns meses de namoro, ela, então com 31 anos, engravidou de gêmeos. Antonella e Roberto mal tinham nascido quando o pai deles foi preso em Nápoles e, junto a ele, o chefão da Camorra, que comandava vários negócios ilícitos em ascensão no norte da Itália. Os dois foram acusados de contrabandearem cocaína da América Latina na mala postal do consulado do Panamá em Milão. No julgamento, Umberto forjou uma série de doenças, inclusive mentais, com ajuda do psiquiatra forense Aldo Semerari, aliado da Camorra. Com a farsa, escapou de cumprir pena na prisão e foi internado em um hospital psiquiátrico, de onde não demorou a fugir.

Pupetta e Umberto não chegaram a se casar. Nos primeiros anos de união, dedicaram-se a interesses comuns no crime. Em novembro de 1967, ela foi condenada por receptação de mercadoria roubada quando cem camisas chegaram misteriosamente na loja de roupas que tinha acabado de abrir em Nápoles, sem nota fiscal ou ordem de compra, e, portanto, sem recolhimento de impostos. Acabou sendo absolvida da prática de atos ilícitos e jamais cumpriu a pena de três meses. Entre o fim da década de 1960 e o começo dos anos 1970, Pupetta foi investigada inúmeras vezes por suspeita de envolvimento com diversos crimes.

Quando Pasqualino entrou na adolescência, o clima ficou pesado. O jovem, bonito e forte como o pai, tinha sorriso e trejeitos que faziam Pupetta lembrar do falecido marido. Além disso, começou a se rebelar e a competir com Umberto. O padrasto, por sua vez, não gostava de ser a todo tempo lembrado do passado da esposa. Para piorar, Pasqualino era respondão; sempre dizia que o padrasto jamais tomaria o lugar do pai — um homem que o garoto nem conhecera.

A situação ficou feia quando Pasqualino começou a levantar a voz para Umberto e até ameaçou vingar a morte do pai — assunto que Pupetta já tinha mais que resolvido.

Em 1972, alguns dias depois de Pasqualino completar 18 anos, Umberto marcou de encontrar o enteado sob o pretexto de uma trégua. Até ofereceu ajuda para o novato fazer contatos no braço da Camorra dentro do setor de construção. O local combinado foi o canteiro de obras de uma nova *tangenziale* ("anel viário"). Sem passar pelo trânsito pesado de Nápoles, a viagem para a Costa Amalfitana e as províncias do sul ficaria mais rápida. A obra também serviria para encher os bolsos de dezenas de clãs camorristas infiltrados em quase todos os aspectos do projeto.

O encontro calhou de ser no dia de concretar a fundação que sustentaria os pilares das quatro pistas da rodovia. Mais de dez caminhões betoneira trabalhavam incansavelmente para preencher a armação de aço dentro dos fundos bolsões escavados no sopé do Monte Vesúvio. O vento quente espalhava grossas nuvens de poeira pelo canteiro, sob o barulho dos caminhões que entravam e saíam.

Depois daquele dia, Pasqualino nunca mais foi visto. O desaparecimento tinha todas as características do que a Camorra chama de *lupara bianca*, homicídio executado com tamanha precisão que não deixa absolutamente nenhum vestígio do corpo.

Nas famílias mafiosas, a vida é moeda de troca que se gasta ou se poupa ao sabor das circunstâncias. Pupetta não quis comentar o desaparecimento do filho, supostamente assassinado pelo padrasto. Rechaçava as perguntas com um movimento rápido da mão que ostentava as unhas bem-cuidadas, pintadas de preto. "Já falei muito disso", desconversou, dizendo que eu pesquisasse.

Não houve confissão, a despeito da eterna esperança de Pupetta de ouvi-la da boca de algum delator. Restava supor que o filho jazia sob os pilares da *tangenziale*. Ela não confirmou se eram dela as flores que sempre apareciam por lá no dia do aniversário de Pasqualino, antes de o local ser transformado pela máfia em área de despejo clandestino de lixo tóxico.

Apesar das suspeitas, Pupetta manteve a parceria criminosa com Umberto. No fim das contas o casal acabou condenado pelo assassinato e decapitação de Aldo Semerari, o mesmo psiquiatra que, anos antes, tinha ajudado a tirar Umberto da cadeia com um falso laudo de doença mental.

Era fim de março de 1982 quando Semerari desapareceu do Hotel Royal de Nápoles sob circunstâncias suspeitas. Seu corpo foi encontrado decapitado uma semana depois, no porta-malas de um carro carbonizado. A cabeça estava no banco da frente. A julgar pelos cortes e fraturas, o homem foi torturado e pendurado de cabeça para baixo, esvaindo-se em sangue enquanto ainda estava vivo, um toque extra de crueldade que deveria servir de aviso. Perguntei a um perito criminal se seria difícil para Pupetta e Umberto decapitarem o médico, juntos ou sozinhos. Ele disse que, provavelmente, precisariam de uma serra elétrica, pois era um instrumento muito melhor para cortar ossos que uma lâmina comum. O fato de Semerari não ter mais sangue no corpo pode ter ajudado a tornar o trabalho mais fácil — e mais limpo.

Um dia depois, a assistente de Semerari, Fiorella Carrara, foi encontrada morta dentro de casa, com uma Magnum calibre .357 saindo da boca. A morte foi considerada suicídio, mas não havia bilhete de despedida e nem digitais na arma. Três dias depois de encontrarem o corpo, a casa foi invadida e três caixotes sumiram misteriosamente do sótão. A princípio, a investigação da decapitação de Semerari se concentrou em laços políticos, mas Pupetta e Umberto logo se tornaram os principais suspeitos.

Semerari possuía conexões com o movimento de extrema-direita da Itália, que esteve envolvido em uma onda de ataques terroristas no país entre o final das décadas de 1960 e 1980. O período ficou conhecido como Anos de Chumbo, por conta da enorme quantidade de tiros disparados. Na época, organizações de extrema-direita e de esquerda travavam uma guerra contra o sistema e entre si. O conflito não tinha relação com a máfia, porém havia o dedo de pessoas como Semerari nos rastros de sangue deixados por ambos os lados. Semerari era integrante da loja maçônica Propaganda Due, que contava com alguns dos mais prestigiados membros do serviço secreto italiano. Havia também estadunidenses que serviram na Segunda Guerra Mundial e decidiram ficar na Itália para conter o avanço do comunismo e possuíam lojas alugadas no Brasil e na Argentina. Na Itália, Silvio Berlusconi, que está entre os primeiros-ministros mais longevos no cargo, também integrou a loja maçônica quando era ainda um jovem político em ascensão. A maçonaria — assim como a máfia e a Igreja Católica — não aceitava mulheres, porém muitas possuíam uma ligação vaga com o grupo e atuavam à margem da organização. Foram provavelmente as alianças forjadas pela loja que mantiveram Semerari fora da prisão, e, de início, supunha-se que também teriam levado à sua morte.

Na minha frente, Pupetta negou categoricamente qualquer participação no crime, apesar de chamar Carrara de *putana*. Além disso, disse que Semerari era um traidor por ter ajudado Raffaele Cutolo, seu rival. Ficou evidente que ela e Umberto tinham motivo para matá-lo. No submundo do crime, o pior pecado, sem dúvida nenhuma, é a traição. Umberto acabou traindo Pupetta e o grupo, porém também se sentiu traído quando Semerari ajudou Cutolo um pouco mais do que devia.

Apelidado de *'o Professore* pela elegância, Cutolo tornou-se uma ameaça aos negócios de Pupetta e Umberto ao formar a Nuova Camorra Organizzata, conhecida como NCO, em 24 de outubro de 1970. Pupetta falava dele com o ódio de quem fala de um ex-marido infiel, amarrando a cara ao dizer seu nome.

O novo grupo de Cutolo era um conglomerado de clãs que tinham tudo para acabar com os empreendimentos de Pupetta e Umberto. Era praticamente um ataque direto vindo de dentro, com direito a controle de quadrilhas de extorsão, cobrança de *pizzo* (a taxa de proteção), e lavagem de dinheiro. O fato de a facção ter nascido dentro da própria Camorra era uma traição que os irritava mais que as investidas da rival Cosa Nostra e até da 'Ndrangheta. Não eram raros os rachas entre clãs, mas a ameaça de levá-los para outro grupo era ainda pior, pois colocava em xeque a própria integridade da Camorra. Cutolo se achava uma mistura de Jesus Cristo com o mágico David Copperfield: perdoava pecados e lia pensamentos, e foi assim que induziu outros membros de clã a segui-lo. Posteriormente, o Fiat incendiado de Semerari seria deixado em frente à casa do motorista de Cutolo, uma clara advertência a quem estivesse pensando em trocar de lado.

A traição de Semerari, um magricela com princípio de calvície, foi forjar diagnósticos que livraram Cutolo da cadeia, exatamente como fizera para Umberto. Com Cutolo fora da jogada, seria mais fácil retirar a NCO do caminho de Pupetta e Umberto. No entanto, graças a Semerari, Cutolo cumpriu pena em um hospital psiquiátrico de segurança mínima, de onde conseguia controlar, com facilidade, seu novo empreendimento.

As visitas entravam e saíam à vontade. Cutolo também não teria a menor dificuldade em fugir, considerando que a segurança era mínima e ele possuía autorização de saída. Ainda assim preferiu detonar o muro, que não era fortificado, meses antes da data marcada para sua liberação.

A NCO de Cutolo travava uma guerra encarniçada com um novo conglomerado de clãs, criado justamente para barrar seu grupo. A Nuova Famiglia, conhecida como NF, era constituída por alguns dos homens mais fortes da Camorra, além de contar com o apoio incondicional de um amigo querido de Pupetta, chamado Carmine Alfieri. Apesar da aparente austeridade de diretor de colégio, Alfieri apoiava a velha anarquia da Camorra: as ameaças físicas e vinganças que nem Pupetta e nem Umberto queriam abandonar.

Apelidado de o 'Ntufato ("carrancudo"), Alfieri apoiava a NF e ajudou-a na aliança com uma facção da Cosa Nostra siciliana, que deu à organização poder regional estratégico em boa parte do sul da Itália[2]. A NF contava com o apoio do poderoso clã camorrista dos Casalesi, o mais conhecido fora da Itália e ainda hoje considerado o mais forte em Nápoles.

O fato de a facção ter nascido dentro da própria Camorra era uma traição que os irritava mais que as investidas da rival Cosa Nostra e até da 'Ndrangheta.

Se a NCO de Cutolo conseguiu "empregar" vagabundos e jovens revoltados para montar um exército de bandidos bons de briga, a NF mirou mais alto, atraindo políticos e policiais para proteger os seus e blindar as atividades criminosas.

A força da NCO de Cutolo vinha, em parte, de outra pessoa que escapava dos holofotes por ser mulher, mesmo com influência descomunal na máfia. A irmã de Cutolo, Rosetta, conduziu discretamente diversas reuniões do clã enquanto o irmão estava preso. Acredita-se que ele tenha apenas passado as coordenadas e dado carta branca para que ela tocasse os negócios em seu nome.

Rosetta, que levava a alcunha de *Occh'egghiaccio* ("olho de gelo"), obviamente, era quem cuidava dos assuntos do irmão sempre que ele ia preso, desde os anos 1960. Cutolo teve dois filhos enquanto esteve preso, um deles, inclusive, por inseminação artificial, com esperma que a esposa colheu durante uma visita conjugal. O desprezo de Pupetta também se estendia a Rosetta. Diante de mim, chamou-a de "puta"e insinuou que dormia com o irmão, o que, nos círculos do crime, era punível com morte.

O fato é que Rosetta era, ao mesmo tempo, a mais leal defensora do irmão e quem mais o criticava, em razão dos discursos inflamados que ele, de sua cela, fazia aos jornalistas. Antonio Laudati, procurador antimáfia, foi o primeiro a provar que quem mandava era Rosetta. "Com a personalidade forte que tinha, ela sempre exerceu grande influência sobre o irmão", disse a Clare Longrigg. "Ele esteve preso por trinta anos, e durante esse tempo, por mérito próprio, ela se tornou a mandachuva da Nuova Camorra Organizzata."

Nos primeiros quinze anos em que substituiu o irmão à frente dos negócios, Rosetta morou com a mãe. Enquanto cuidava do amplo jardim de rosas da família, levava mensagens de Cutolo a integrantes do clã que hospedava na casa. De certa forma, sua ascensão se deve muito à trajetória de Pupetta, que, mesmo sendo mulher, parecia indomável. Era ela quem negociava com os líderes do cartel da cocaína na América do Sul e da Cosa Nostra siciliana. Aliás, segundo um informante, seu tino para os negócios era respeitado na Cosa Nostra. Embora tratada como mera porta-voz do irmão, era Rosetta quem tomava as grandes decisões e informava ao irmão, e não o contrário. O filme *O Professor do Crime*, de 1986, a retratou de maneira brilhante como cabeça da NCO, posto jamais questionado.

A polícia ficava na cola de Rosetta, embora o irmão sempre negasse seu envolvimento nas atividades do clã. Até certo ponto, funcionou. Contudo, as negativas dele logo se mostraram insuficientes e não impediram que a irmã, que encabeçava transações com o narcotráfico e negociações de paz com clãs rivais, acabasse tenho problemas com a Justiça. Julgada à revelia, foi condenada a nove anos de cadeia por crimes ligados à máfia (apesar de ter sido absolvida de nove homicídios) no final dos anos 1980. Em 1993, foi capturada no convento onde estava escondida e cumpriu seis anos de prisão. Na época, disse às autoridades que estava cansada de fugir. Hoje vive em sua cidade natal e não quis dar entrevista.

Em 2002, a pesquisadora Felia Allum entrevistou Alfonso Ferrara Rosanova, filho *pentito* de um chefe de clã da NCO, e o assunto Rosetta surgiu na conversa. Segundo o entrevistado, embora o irmão a protegesse com unhas e dentes, isso não invalidava de forma alguma a tenacidade e destreza com a qual ela cuidava dos interesses da NCO[3]. De acordo com Rosanova, ela "não era uma subordinada ou espectadora passiva e sim alguém que se destacava nas atividades do clã, garantindo sua sobrevivência enquanto Raffaele estava na cadeia".

Allum continua: "Rosetta é um bom exemplo de até onde podia chegar uma mulher na Camorra naquele momento: o clã confiava nela, mas ninguém podia saber que estava envolvida ou visivelmente engajada". Em suma, ela foi a última nos bastidores antes de as mulheres assumirem o protagonismo no crime.

A NCO dos irmãos Cutolo rapidamente tomou conta do crime napolitano. Estima-se que, a certa altura, mantinha 7 mil membros e suas famílias[4]. Ao contrário de outros grupos, que têm hierarquias bem claras, os chefes da Camorra só controlam aqueles que aceitam sua liderança. Dentro dos clãs, cada um opta por um lado; são os subchefes e peões do crime que dão poder aos chefes, e assim como dão, também podem tirar. Essa dinâmica permite aos integrantes do nível mais baixo da organização mudar de lado e fazer novas alianças, e com isso ocorrem perdas de tempo e de vidas.

A estrutura menos rígida da Camorra embaralha a linha de sucessão, deixando o caminho livre para as mulheres assumirem maior controle. Também fica mais difícil impedi-las de galgar posições quando mostram talento para o crime — especialmente quando recebem a bênção de um homem para assumir o comando.

Depois de Rosetta Cutolo orquestrar tudo dos bastidores, segundo Allum, a estrutura da Camorra passou finalmente a permitir que as mulheres ocupassem os holofotes, "fosse por necessidade ou índole criminosa".

A inconsistência da Camorra e as constantes trocas de alianças acabaram levando a NCO de Cutolo à ruína. Depois que os principais líderes foram presos ou assassinados, ela definhou. A NF, que tinha o apoio de Pupetta e seus aliados, assumiu a autoria de mais de quinhentos assassinatos durante a sangrenta guerra travada com a NCO entre 1981 e 1983. Mas a alegria durou pouco: a NF também colapsou com as brigas internas entre os clãs. O último desaforo foi quando o amigo de Pupetta, Alfieri, e outros aliados viraram *pentiti*.

Umberto e Pupetta foram condenados pela morte de Semerari. Umberto conseguiu fugir antes, primeiro para a África, depois para o Peru, e Pupetta teve que se virar com a justiça e os gêmeos. Até tentou fugir, todavia foi presa ao sair de casa vestida como uma romani, com 2 milhões de dólares na bolsa. De onde veio o dinheiro, não se sabe, o certo é que da renda irrisória que declarava é que não foi. Ela passou mais quatro anos na cadeia, até que ela e Umberto foram absolvidos em grau de recurso, em 1982. O marido acabaria depondo contra o antigo clã, e, após anos de ressentimento, Pupetta usaria seu poder de convencimento para jogar os gêmeos, mal chegados à adolescência, contra o pai.

Abandonar a esposa à mercê da Justiça, como fez Umberto, não era tão raro no mundo do crime. Era comum que as mulheres se sacrificassem pelos maridos em esquemas cuidadosamente planejados para livrá-los da cadeia. Antes dos anos 1990, as autoridades até percebiam o embuste, porém não botavam fé que as esposas ou filhas de mafiosos fossem inteligentes ou corajosas o suficiente para entrar no esquema por vontade própria. Com isso, as mulheres acabavam pegando penas mais brandas e tinham a chance de delatar o marido. Poucas topavam.

Apesar disso, ainda hoje, homens que estudam e escrevem acerca da máfia afirmam que as mulheres não podem pertencer aos grupos criminosos por não participarem dos ritos de iniciação, ainda que suas participações sejam nítidas: tocam os negócios, cuidam da família e são confidentes até dos chefes mais poderosos. Pelo visto, a misoginia dentro da máfia contamina o trabalho de quem se propõe a compreender a história rígida e codificada da máfia. Máfia que, agora, é exatamente isso: história.

"O crime organizado está mudando", analisa Ernesto Savona, da Universidade Católica de Milão. Está ficando "mais atrativo" para as mulheres. "A violência diminuiu. A organização hierárquica está dando lugar a algo mais flexível. Isso significa que mais mulheres ocuparão papéis de liderança. Chamamos de 'crime organizado manso'."

O que Savona está dizendo — que as máfias querem secretárias, não pistoleiras — mostra como a misoginia está arraigada. Subentende-se que, do mesmo jeito que subestimam a inteligência das mulheres, também subestimam sua crueldade. As mulheres são capazes de encomendar mortes escabrosas, mutilações violentas e arquitetar torturas de crueldade inimaginável. Ainda assim, são vistas como "mansas". É o mesmo padrão vigente na cultura patriarcal da Itália, em que se tolera o machismo desde os salões do poder ao quintal de casa, sem exceções. O papa Francisco, ítalo-argentino à frente da organização mais influente da Itália depois da máfia, virou manchete no início do pontificado por convidar teólogas para uma conferência e referir-se à contribuição delas como a "cereja do bolo". Silvio Berlusconi, conhecido por sua misoginia, pediu investimentos para a Itália em um evento internacional citando suas "belas secretárias". Também pediu em casamento a ministra da igualdade, ex-modelo de topless nomeada por ele para o cargo, em pleno parlamento. Deve ter se esquecido que já era casado. Ser mulher na Itália é algo estressante, pois muitos homens pensam que você não é capaz de trabalhar tão bem (ou melhor) que eles.

Cerreti me mostrou bem como as mulheres da máfia se saem no quesito brutalidade. São muito mais cruéis que os homens na vingança e não se pautam tanto pelas convenções vigentes no mundo do crime. "Até quando não participa diretamente, muitas vezes é a mulher que dá a ideia de matar os filhos da pessoa que traiu a família", diz. Elas pensam diferente e sabem exatamente o que mais machuca as pessoas.

A visão que Roberto Saviano tem das mulheres é uma das mais reproduzidas. "Com raras exceções, a mafiosa só existe em função do homem", declarou em entrevista à *Vice*, em 2015. "Sem ele, ela é quase inanimada, uma semipessoa. É por isso que as esposas dos mafiosos parecem tão desalinhadas e desgrenhadas ao lado dos maridos no tribunal. Essa aparência é proposital, ressalta a fidelidade."

Ele conta também a história de Immacolata Capone, uma camorrista que escalou a hierarquia e pagou com a vida em 2004. A polícia "não descobriu o motivo do crime", contudo, em texto recente, Saviano presume que "os clãs devem ter se sentido ameaçados pela ambição dela. Astuta como era, é provável que tenha tentado se encarregar de algum negócio importante sozinha, sem o consentimento da família Casalese." Ele emenda um elogio à determinação da criminosa, como se não fosse normal para uma mulher. "A única certeza que temos é que ela soube driblar a pressão, as restrições e as expectativas que recaem sobre as mulheres, e entrou para a história da máfia."

Poucas resistiram tanto quanto Maria Angela Di Trapani,[5] 49 anos, esposa do chefão da máfia siciliana Salvatore Madonia. Conhecido como Salvino *dagli occhi di ghiaccio* ("dos olhos de gelo"), o decapitador teve várias condenações à prisão perpétua, deixando a mulher no controle da organização até ser presa na Sicília, em 2017. Salvino nunca aceitou a pena e morreu na cadeia em 2007. Se sua captura, no auge da fama, contou com alguns agentes da polícia antimáfia, para a de sua mulher foram necessários duzentos policiais armados, cinco unidades especiais com cães e vários helicópteros. Estava na cara que, diante da prisão do marido e da morte recente do longevo *Capo dei Capi*, Totò Riina, coube a ela reorganizar toda a Cosa Nostra siciliana. Os depoimentos nos autos pareciam ter saído do roteiro de *O Poderoso Chefão*; várias testemunhas diziam que ela "agia feito homem" e que castigava soldados desgarrados e inimigos com mais crueldade que seus colegas da criminalidade.

O artigo 41-b do Código Penal italiano prevê penas mais duras para o crime de "associação mafiosa" e pode ser aplicado a mulheres, como ocorreu com Trapani — exceto em caso de *pentiti*, ou "colaboradores da Justiça", como prefere Cerreti, já que "quase nunca se arrependem". Elas são reconhecidas pelo Estado como membros da máfia, mesmo quando não o são dentro das próprias organizações. Não se pode negar que muitas mulheres chegam ao poder, ainda que dependendo do aval de um homem.

Indaguei Pupetta acerca da igualdade de gênero dentro da máfia. A resposta foi modesta: "As mulheres sabem muito bem o seu lugar e como manipular o sistema". Quanto àqueles que a traíam ou ao sistema de que fazia parte, foi mais breve. Tinha um "diário detalhado", escrito em dialeto, com uma extensa lista de desafetos. Contudo, negou que fosse uma lista de pessoas marcadas para morrer, embora todos os feitos marcantes de sua vida viessem de revanches pessoais.

Se eu dissesse que não tive medo de que a matéria falando de Pupetta fosse vista como "alta traição", estaria mentindo. No dia em que ela morreu, eu estava na França. Fui conhecer o Vale do Loire com uma amiga no fim de semana e passar a virada do ano. De repente, meu telefone foi inundado de ligações, mensagens e e-mails. "Pupetta morreu", as pessoas diziam, e me enviavam links de jornais italianos. Clare Longrigg foi a primeira jornalista anglófona a entrevistá-la, e eu fui a última. Ela queria me entrevistar. Não posso negar que a morte de Pupetta me trouxe certo alento. Sentia-me grata pela oportunidade de conhecê-la e triste com sua morte. No entanto, acima de tudo, fiquei aliviada em saber que, com seu falecimento, cessava o risco de que viesse atrás de mim.

Cristina Pinto, uma napolitana morena de cabelos encaracolados e dentes corroídos pelo tabagismo desenfreado, combina bem com o apelido: Nikita (em alusão à assassina de aluguel do filme *Nikita: Criada para Matar*, de Luc Besson). Cumpriu 23 dos trinta anos de cadeia a que foi condenada por crimes que não faz questão de negar, cometidos à frente de uma gangue de motoqueiras responsável pela segurança de Mario Perrella, um poderoso chefe da Camorra. As mulheres à frente dos assassinos treinados de Perrella levantavam menos suspeitas e dificultavam sua captura. Além disso, a miopia em relação ao poder feminino também servia de escudo quando a Justiça descobria que elas mentiam ou escondiam o chefe. Nikita conta que passou por uma espécie de entrevista para trabalhar com o mafioso. "A concorrência entre as mulheres estava acirrada, era uma mais forte que a outra. Cada uma de nós queria ser a pior de todas", conta. "Entrei para ganhar, e fui escolhida."

Com 17 anos, Nikita era uma atiradora de elite. Depois, ela e outras colegas passaram por um treinamento agressivo, em que cada uma aprendia algo diferente, de montagem de armas a mecânica automotiva. Teve uma infância difícil; apanhava do pai, e, segundo sugerem os registros policiais, foi abusada sexualmente por vários familiares. Hoje, com 49 anos, trabalha em um barco de pesca em Pozzuoli, há alguns quilômetros ao norte de Nápoles. Com o fechamento da ala feminina de Poggioreale, a cidade hoje abriga o principal presídio feminino da Itália. Pozzuoli é uma cidade agreste em todos os aspectos, e seu presídio forma criminosos com o mesmo êxito que o antecessor. A cidade é porta de entrada para a Via Domiciana, trecho de rodovia controlado pela Camorra, onde há anos milhares de nigerianas são traficadas para exploração sexual com a intermediação de facções da máfia nigeriana[6].

É na região dos Campi Flegrei, ou Campos Flégreos, também chamados de "campos ardentes", que Nikita fica mais à vontade. É um dos maiores supervulcões do mundo, cuja atividade intermitente eleva e afunda o solo. As construções têm rachaduras profundas causadas pela movimentação da crosta. Na praça principal, a atividade vulcânica afundou um jardim com colunas marcadas pela elevação do solo e do nível do mar ao longo dos séculos. O perigo de viver ao lado de um vulcão que pode entrar em erupção a qualquer momento, para Nikita, é, no mínimo, simbólico. Quando mostra as marcas deixadas pela água nas paredes afundadas do porto, fica a impressão de que se enxerga da mesma forma: calejada, forte; uma sobrevivente.

Nikita parou de dar entrevistas depois que teve a imagem "manchada", segundo alega, por um filme de 2018, feito especialmente para a TV, que a retratou como uma lésbica desfeminilizada e criou um frenesi em torno de sua fama de durona. "Tive que me desvincular de tudo aquilo para recomeçar a vida", comentou, quando encorajada a falar da violência que marcou sua juventude. "Não olho para trás; não adianta ficar imaginando se hoje eu faria diferente."

Porém basta ajudá-la com as redes de pesca para que se solte um pouco.

Tem as mãos ásperas e calejadas pela pesca e prende o cabelo de cachos mal tingidos de ruivo com um frufru cor-de-rosa, do mesmo tipo que as crianças usam. Nikita diz que a pesca a mantém longe da cadeia. No entanto os registros policiais informam que o barco é parado e revistado com frequência à procura de contrabando.

Não posso negar que a morte de Pupetta me trouxe certo alento [...] acima de tudo, fiquei aliviada em saber que, com seu falecimento, cessava o risco de que viesse atrás de mim.

A ex-camorrista foi presa em 1992, fugindo com a filha de 3 anos que tivera em um caso secreto com um membro do clã. Um crime encomendado por Perrella não teve o desfecho esperado, o que fez com que fosse preso e, em um momento posterior, decidisse colaborar com as autoridades. Por fim, colocou a culpa em Nikita e nas outras mulheres, alegando que havia, sim, encomendado o crime, porém ela poderia ter recusado em vez de mobilizar suas comandadas para a batalha.

A segunda condição imposta por Nikita foi não falar de Perrella — talvez para protegê-lo, sabe-se lá por quê. Não fui autorizada a tomar notas (e nem teria como, uma vez que estávamos com as mãos meladas de desembaraçar as redes de pesca). Pode parecer contraproducente um jornalista aceitar o que pode ou não perguntar na entrevista, contudo, uma vez estabelecidos os limites, fica mais fácil aprofundar os assuntos que sobram. Cheguei a conhecer criminosos muito ciosos de sua privacidade, mesmo com a vida esquadrinhada em extensas fichas e processos judiciais. Sem dúvida, há um desejo desesperado de recuperar o controle da própria vida. Minha impressão, porém, é de que eles querem controlar ou até reescrever a narrativa. Andar com mentirosos e vilões arruína a sua crença no que é real ou não.

As mentiras que ouvi ao longo de anos de reportagens relacionadas ao crime quase sempre têm um fundo de verdade. Nikita é uma das entrevistadas mais experientes com a qual falei. Por trás da fachada paranoica, foi quem controlou a conversa o tempo todo. Alguns gestos, como sacudir os cabelos cacheados ou levantar as sobrancelhas, por exemplo, não pareciam muito naturais. Eu me pergunto se seriam sinais. Enquanto trabalhávamos, tive a sensação de que éramos observadas e que gesticulava recados. Outros pescadores, por outro lado, pareciam fingir indiferença.

Sem anotar, é difícil reproduzir suas falas, mas durante nossa conversa no cais, ela comentou que a gangue de motos tinha a função de despistar a polícia, fazendo-se passar como integrantes de um simples moto clube de mulheres. Contou também que estavam entre os poucos grupos que usavam capacete na Itália antes de o uso se tornar obrigatório, em 1999, e que não o faziam por segurança, e sim para evitar que fossem identificadas. Todas foram treinadas por um assassino profissional que as repreendia quando não acertavam um tiro certeiro em alvos pintados nos cartazes de juízes antimáfia. Jamais esqueci uma coisa que ela me disse. "Não confunda com fraqueza o medo das mulheres de serem mortas ao menor deslize. Quem desconhece como as coisas funcionam por aqui nunca será capaz de compreender o tanto de coragem necessária para se manter nesse mundo." Aquele ponto de vista era novo para mim. Em geral, ex-integrantes de organizações criminosas falam que é preciso ter coragem para sair.

Conheci Nikita em 2016, em uma conferência internacional de jornalismo investigativo na qual a ex-camorrista fora a palestrante principal. O tema era um docudrama que mostrava sua vida incomum. Ela contou ao público como foi "empossada" no grupo de Perrella, aos 22 anos de idade: recebeu uma pistola calibre .38. Também desmentiu um antigo boato a respeito do suposto envolvimento amoroso entre eles. "Gostava do modo como ele agia", revelou. "Quando falava da Camorra, seus olhos até brilhavam."

Contou também que Perrella viu seu potencial e a contratou sem pestanejar. "Eu já era conhecida no submundo do crime. Não tinha rito de juramento. Isso é coisa da 'Ndrangheta, não da Camorra", explicou. "Mario colocou aquela .38 e 500 mil liras na minha mão, que em poucos dias viraram um milhão por semana."

Foi fascinante ouvi-la falar da decisão de entrar para o bando de matadores de elite como quem conta que virou presidente de uma empresa. Porém, com relação a ter decidido mudar de vida, foi menos convincente. Por fim, depois de titubear acerca do motivo que a levou a sair da Camorra após cumprir pena, argumentou, primeiro, que foi pela filha, que tinha só 3 anos na época da prisão. Depois, mostrou decepção com o grupo. "A Camorra não é mais a mesma", lamentou. "Todo mundo era muito diferente do que eu imaginava. Achei que haveria cumplicidade, uma amizade maior, até lealdade. Estava esperando demais, então tive que sair."

Ela diz que não precisou fazer delação ao sair da Camorra. "Ainda bem que me deixaram sair", sem guardarem rancor e nem arrependimento, foi o que disse. "Minha família não foi extorquida, nem teve que pagar o preço da minha saída." Com todo o histórico de pessoas que só saíam das organizações criminosas no caixão, era difícil de acreditar. Talvez ainda frequentasse o clubinho, mas não tive coragem de perguntar.

Cobrir o mundo do crime tende a distorcer um pouco nossa visão de bem e mal. No caso de Nikita, que tinha passagem na polícia por aquisição ilegal de armas, sequestro e planejamento de mais de uma dúzia de homicídios (inclusive da morte de um menino de 11 anos), era difícil encontrar quem, entre os ouvintes da palestra dela, não estivesse deslumbrado. A primeira vez que experimentei aquele fascínio diante de tanta maldade confessa foi quando cobri o caso de Elisabeth Fritzl, ainda no começo da minha carreira. Trancafiada em um porão pelo pai, Josef, ela havia sido estuprada repetidas vezes. O homem acabou confessando os crimes de escravidão moderna e estupro, bem como o homicídio de um dos oito filhos que teve com Elisabeth nos 24 anos de cativeiro. No tribunal de St. Pölten, muita gente tapou os ouvidos e levou as mãos ao rosto durante a confissão. Para os repórteres presentes, porém, quanto mais detalhe, melhor.

O que realmente interessa no jornalismo policial não são as agressões, os crimes ou a violência, e sim a psicologia por trás de tudo. Personagens como Fritzl e Nikita permitem vislumbrar o que se passa nessas mentes doentias, e, assim, esclarecer os fatos e enriquecer a narrativa. A dúvida é se essas histórias deixam marcas nos jornalistas que se dedicam a tais pautas.

Era perturbadora a forma como Nikita normalizava crimes tão escancarados. Apesar da franqueza demonstrada em nossa conversa, duvido que tenha sido totalmente sincera. Naquele dia, no píer, contou como era a vida de guarda-costas de Perrella. Além de zelar por sua integridade física, era responsável pela logística dos ataques que seu chefe planejava. "Havia um grupo só meu, éramos quatro", disse. "Cada uma com sua atribuição: drogas, armas, acertos de contas..."

Perrella dizia que queria ver o trabalho de Nikita nos jornais, e isso a estimulava a mostrar serviço. "Atirar me dava uma sensação de poder ainda maior do que eu buscava", explicou. "Fomos treinadas como recrutas. Quando a gente entra na Camorra, muda tudo: o jeito de falar, de andar, de se comportar."

No final da palestra, parecia se dar conta do quanto havia se iludido. "Quando se faz parte de uma quadrilha, você se sente cada vez mais forte, sem se dar conta de que esse poder jamais será seu", declarou. Apesar de admitir todo o envolvimento na Camorra e os vários crimes que cometeu, ela nega categoricamente que tenha sido chefe do crime ou comandado outras milícias. Insiste que a figura da mafiosa é bobagem, e que a mulher que assume o lugar do marido ou irmão "por um tempo", quando esses estão presos, desperdiça a oportunidade de ser líder de verdade. "Elas são como crianças", opinou. "Despreparadas e indisciplinadas."

Perguntei a ela sobre Pupetta. "Foi uma mulher corajosa, que fazia trabalho de homem", limitou-se a dizer.

Por mais que neguem ter obtido poder de fato, a ambição dessas mulheres em chegar ao topo das organizações criminosas é nítida. Nessas horas, lembro da amiga italiana que dizia que o único jeito de combater o machismo era ignorá-lo ou usá-lo a seu favor, e que as mulheres chegavam muito mais longe quando não chamavam a atenção.

Um pesquisador antimáfia me contou que o melhor exemplo de ambição implacável entre as mulheres desse meio foi Teresa De Luca Bossa,[7] que cumpre pena como mandante de vários crimes praticados enquanto foi chefe de clã da Camorra.

Sua ascensão se deu quando seu irmão, um chefe da Camorra, foi preso. O período sob seu comando gerou muitos frutos: fez as pazes com um clã rival, fechou negócios lucrativos, os quais lhe renderam grandes elogios, e o clã cresceu tanto que se tornou um dos mais poderosos da Camorra.

Depois de um breve período na cadeia, que aproveitou para fazer ótimos contatos, ela fugiu e se escondeu com amigos da 'Ndrangheta na Calábria, de onde despachava para o clã, mesmo com a polícia em seu encalço. Foi presa em 2010, na piscina de um acampamento de luxo no sul da Campânia, próximo às ruínas da antiga cidade de Pesto. Os policiais à paisana, de biquíni e sunga, misturaram-se aos turistas para pegá-la.

Teresa foi a primeira mulher a ser condenada com base no artigo 41-b da lei penal italiana que trata dos crimes de máfia. Isso mostra como até os investigadores reconheciam sua posição na estrutura criminosa — bem diferente dos casos mais antigos, quando não se acreditava que as mulheres fossem capazes de ascender no crime. Três anos depois, Anna, filha de Teresa, que havia ocupado o lugar da mãe presa, sobreviveu a uma tentativa de assassinato, com sete tiros que atingiram suas coxas e bacia. O filho mais velho de Anna foi assassinado por uma gangue rival. Ela queria se vingar pessoalmente, a exemplo de Madame Camorra, e conseguiu repetir o feito da mulher que a inspirou. O nome de Pupetta chegou a ser mencionado em uma conversa gravada pela polícia. Quando se recuperou, a filha de Teresa foi condenada à prisão perpétua pelo homicídio de dois integrantes de um clã inimigo, responsáveis pela morte do filho. Acredita-se que o crime foi encomendado de sua cama no hospital.

Teresa e Anna negavam envolvimento do clã e viviam provocando a imprensa. Davam entrevistas direto da cadeia, nas quais se diziam injustiçadas. Como eram julgadas por crimes de associação mafiosa quando nem sequer pertenciam oficialmente à máfia?

Pupetta, no entanto, fazia jogo duplo: admitia seu envolvimento, porém ficava na defensiva. Guardava um álbum com velhos recortes de jornal dos crimes que ela e pessoas próximas haviam cometido. Centenas desses recortes eram do julgamento pela morte de Antonio Esposito, o homem que mandara matar seu marido quando eram recém-casados (e que ela confessou ter matado aos 18 anos de idade, em plena gravidez). "As pessoas é que me mandavam essas coisas", justificou, folheando as páginas do álbum. "Nem sei por que ainda guardo", desconversou, com um sorriso que já dizia tudo.

Logo depois, acendeu um cigarro e negou veementemente detalhes a respeito de sua vida publicados em milhares de matérias nos jornais. Reclamou ter sido injustiçada pela imprensa durante muitos anos, apesar de ser uma das "vítimas de prisão ilegal" mais acessíveis da Itália. Admitia o assassinato de Esposito, sem, contudo, se conformar com a pena. "Não devia ter passado um dia sequer na cadeia, pois ele destruiu minha família", alegava, como se ela própria não tivesse continuado ao lado do pai dos seus outros filhos, muito depois da suspeita de que o marido havia matado o filho que tivera com Pascalone.

Perguntei a ela sobre Pupetta. "Foi uma mulher corajosa, que fazia trabalho de homem", limitou-se a dizer. Por mais que neguem ter obtido poder de fato, a ambição dessas mulheres em chegar ao topo das organizações criminosas é nítida.

A verdade é que Pupetta gostava de ser o centro das atenções. Apareceu em filmes, participou de programas de rádio e televisão e, na juventude, convocava até entrevistas coletivas quando a imprensa local "esculhambava" alguém da família ou era muito leniente com os rivais. Nas primeiras visitas, quando sentava comigo, eu me perguntava o que ela esperava ganhar.

"Não sai muita coisa sobre mim nos Estados Unidos. Talvez eles se interessem", comentou. A verdade é que a notícia de sua morte virou assunto nos jornais do mundo todo. "Madame Camorra", a "primeira mulher a chefiar o crime", havia morrido. Algumas matérias exageravam o poder e influência que tinha. Aposto que ela teria amado tudo aquilo e que guardaria cada uma dessas matérias em seu álbum de recortes.

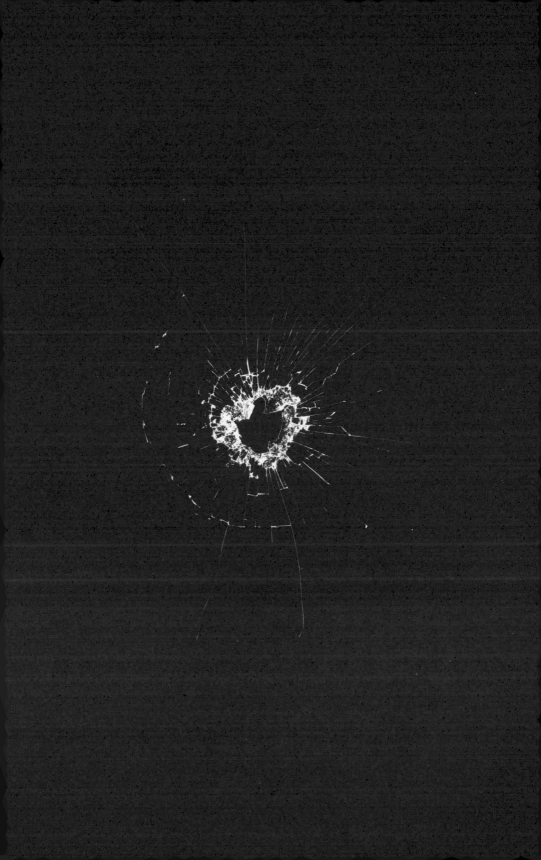

Sexo, Honra & Morte

A Poderosa Chefona
E OUTRAS MAFIOSAS

4

> *Certa vez, Pupetta comparou o poder de sedução e o flerte despudorado a um óleo inflamável que ajuda a suavizar situações difíceis, mas que, dependendo do momento, pode entrar em combustão, explodir e até matar.*

Se a morte em público de Antonio Esposito, com 29 tiros, foi um crime horrível, a revanche de Pupetta acabou tendo um quê de glamour. O que chamou a atenção das pessoas (principalmente de Umberto) não foi bem seu amor e devoção a Pascalone, mas a coragem do ato em uma época em que as mulheres eram vistas como fracas e incapazes. O anseio delas por igualdade e liberdade sexual, que já começava a fervilhar nos Estados Unidos, chegou atrasado à Itália. Na década de 1950, então, um crime tão audacioso ter partido de uma mulher (e grávida, ainda por cima) era um fenômeno, bem como uma inspiração para jovens mulheres que queriam ter tamanha coragem para escaparem da vida sofrida e se livrarem de homens abusivos.

Quando Pupetta cometeu o primeiro assassinato, a legislação italiana ainda permitia aos homens que matassem a esposa "em defesa da honra", especialmente em caso de adultério. O homicídio cometido sob emoção violenta (*raptus*, na palavra latina), normalmente causado por ciúmes, só foi criminalizado na década de 1990. Porém, até hoje, raramente se fala no descontrole masculino diante do sentimento de posse sobre uma mulher. Em pleno 2021, o índice de feminicídio na Itália foi aterrador: a cada três dias, uma mulher foi assassinada por um ex-parceiro. Em dezembro de 2020, um homem de 70 anos foi absolvido pelo assassinato da esposa, de 62 anos, na cidade de Bréscia. O juiz fundamentou a sentença com o argumento de que o homem havia sido tomado por um *delirio di gelosia* ("delírio de ciúmes"), que sentia dos jovens alunos da esposa. O entendimento geral foi que o homem, enlouquecido de ciúme, perdeu a cabeça; fora de si, não poderia responder pela morte da esposa. Consta nos autos que, primeiro, espancou-a com o rolo de macarrão e, só depois, cortou a garganta dela.

As mulheres raramente fazem justiça com as próprias mãos, e se tomam uma atitude dessas são chamadas de histéricas. Nesse quesito, Pupetta estava à frente de seu tempo em vários aspectos, praticando um ato que poucas mulheres tiveram coragem de repetir, até bem recentemente. Há exceções, como Nikita, que é dotada de uma intrepidez admirável. Porém, no mundo do crime, só para atingir a barreira invisível, as mulheres já levaram muito tempo.

Francesco Rosi, um diretor de cinema italiano, enxergou o potencial artístico da força de Pupetta, ainda que transviada, e imortalizou sua história no final da década de 1950, com o filme *A Provocação*. O papel de Pupetta foi representado por uma beldade da época, a supermodelo Rosanna Schiaffino (que ainda viria a fazer outros 45 filmes pouco memoráveis). O filme venceu o Grande Prêmio do Júri no Festival de Cinema de Veneza de 1958, no auge da fama de Pupetta. O cartaz do filme mostra a atriz que interpreta Madame Camorra fazendo um beicinho à la Anita Ekberg, beldade sueca do filme *A Doce Vida*. Glamorizar a violência despudorada de Pupetta foi uma aposta arriscada que deu certo e deixou escancarada a banalidade com que a máfia é tratada, há tempos, na Itália.

Muitas produções estadunidenses conhecidas, como *Família Soprano* e a trilogia *O Poderoso Chefão*, glamorizam a máfia italiana como se fosse apenas um grupo de personagens fictícios. Na Itália, esses personagens existem na vida real e podem passar por você na mercearia ou estar ao seu lado na cafeteria. Até na traição, Pupetta parecia uma pessoa como outra qualquer, o que, para muitos, afinal, ela era.

Em geral, os italianos veem a máfia e a *malavita* ("marginalidade"), que lhe é inerente, como um simples traço da cultura italiana. Aprenderam a conviver com isso e não estranham mais. Não é exagero dizer que todo italiano já teve contato com alguém ligado ao crime organizado, mesmo que não saiba. O enteado de um gângster conhecido da máfia romana foi admitido na escola particular onde meus filhos estudam. O buchicho correu solto pela escola e as pessoas se lembraram de vários outros filhos de mafiosos que haviam estudado lá. O pai de um deles, por exemplo, no último ano escolar do filho, foi a julgamento por um homicídio na Sicília. Dizem que, em vez de usar o fato como instrumento pedagógico, a direção proibiu o assunto e a circulação de jornais na escola para poupar o aluno de constrangimentos.

As mulheres raramente fazem justiça com as próprias mãos [...] Pupetta estava à frente de seu tempo em vários aspectos, praticando um ato que poucas mulheres tiveram coragem de repetir, até bem recentemente.

Com o sucesso do filme, Pupetta encasquetou que queria ser atriz e começou a fazer testes para o cinema. Em certa época, sonhou em ser uma estrela do cacife de Sophia Loren. Nascida Sofia Villani Scicolone, em Roma, a musa italiana tem a mesma idade que Pupetta. Ainda bebê, mudou-se com a mãe, que havia sido abandonada pelo pai, para Pozzuoli, no entorno de Nápoles, onde fica hoje o presídio que "forma" mulheres para o crime.

A carreira dramática de Pupetta não deslanchou, muito menos para quem cobiçava um estrelato daquele nível. Chegou a fazer uma ponta no fracassado filme *Delitto a Posillipo* (1967), no qual aparece cantando uma música que compôs quando estava presa, além de tentar a sorte em mais uma ou outra produção pífia. A passagem pelo cinema foi breve. Depois de algumas críticas que não conseguiam separar o interesse em Pupetta de seu passado criminoso, ela acabou desistindo de atuar.

Em relação a essa época, ela disse que havia sido "divertido, mas fora da realidade". Folheou mais um álbum com recortes de críticas de *A Provocação* que saíram no jornal, além de outros artigos elogiosos. Pupetta dividia opiniões: alguns diziam que era dona de um talento excepcional para o canto; outros, que a empreitada não passava de uma tentativa lamentável de explorar a fama de criminosa.

Muitas mulheres que perdem a beleza da juventude sofrem com a insegurança. Pupetta franzia as sobrancelhas pintadas ao lembrar a vida incrível que tivera. Também não perdia uma chance de vangloriar-se do sucesso que fazia com os jovens mafiosos: "Chegou um ponto em que era tanto homem querendo me ver que precisei começar a marcar horário, acredita? Vê se pode!"

Anos mais tarde, em 1982, parecia ter encerrado a carreira no crime, a não ser pela condenação por ter matado o psiquiatra vigarista e por um caso de homicídio envolvendo um rival, do qual foi inocentada. Contudo isso não arrefeceu o interesse na figura dela. Chegou a ser tema de um polêmico telefilme, *Il Caso Pupetta Maresca*. Seu papel foi interpretado por uma atriz de 19 anos, Alessandra Mussolini, que era neta do ditador fascista (e deputada de extrema-direita no Parlamento Europeu até renunciar, em 2019, em meio a um escândalo de exploração sexual de menores envolvendo o marido). Indignada, Pupetta fez de tudo para impedir a exibição. Entre outros motivos, não gostou de ser interpretada por uma Mussolini. "É uma afronta à minha honra", alegou no tribunal.

Esgotados os recursos judiciais e sem poder mais lançar mão de filigranas jurídicas para impedir a exibição, o filme foi programado para ir ao ar na RAI, emissora estatal italiana, em 1994. Mais uma vez, Pupetta partiu para cima dos produtores, com um batalhão de advogados. Desta vez, quem engrossou o coro foi a própria Alessandra Mussolini, que já havia entrado para a política e construído sua reputação a duras penas, e temia colocar tudo a perder associando sua imagem à de uma notória mafiosa. Na época, Mussolini, sobrinha de ninguém menos que Sophia Loren, estava às voltas com um escândalo ligado a uma edição italiana da *Playboy*, publicada em agosto de 1983, em que aparecia nua na capa e no pôster central. Tamanha era a importância de Pupetta no imaginário italiano que, mesmo tendo sido gravado doze anos antes, o papel da mafiosa daria aos inimigos políticos de Alessandra mais munição que a publicação de suas fotos sensuais — o que, nos anos 1990, era mais ofensivo à moral e aos bons costumes do que seria hoje.

Em 2013, outro telefilme teve uma repercussão totalmente diferente. O lançamento de *Pupetta: Il Coraggio e La Passione* [Pupetta: coragem e paixão] foi tranquilo. Ela até participou da divulgação, posando no set de filmagem ao lado de Manuela Arcuri, atriz alta e esguia que a representou na dramatização fílmica do assassinato de Antonio Esposito[1]. "Imaginem o que vivi naquele momento em que apertei o gatilho, o que passou pela minha cabeça, o pavor que tomou conta de mim, eu com minhas mãos trêmulas, escondida atrás daquele carro... Tinha certeza de que iriam me matar", disse, na entrevista de lançamento. "Manuela captou bem o espírito e deu corpo à emoção que senti durante aquele momento."

O que, sem dúvidas, mais agradou Pupetta na interpretação de Manuela foi a sensualidade à flor da pele, que usava como arma. Certa vez, Pupetta comparou o poder de sedução e o flerte despudorado a um óleo inflamável que ajuda a suavizar situações difíceis, mas que, dependendo do momento, pode entrar em combustão, explodir e até matar. Quando Pupetta morreu, Arcuri causou repúdio com uma homenagem a ela no Instagram, em que a descrevia como uma "mulher guerreira, forte e destemida" que "agia por impulso" e, às vezes, "cometia erros".

A Itália não passou pela revolução sexual nas décadas de 1950 e 1960. Enquanto no resto do mundo as mulheres queimavam sutiãs, tomavam anticoncepcional e exploravam sua sexualidade, na Itália, a Igreja Católica declarava guerra ao sexo fora do casamento. A pílula anticoncepcional chegou ao país no final dos anos 1960, mas as farmácias não tinham autorização para vendê-las. O aborto foi legalizado em 1978, porém muitos hospitais e médicos alinhados ao Vaticano ainda se recusam a realizar o procedimento. Assim, o sexo na Itália da geração de Pupetta era inseparável da promessa de casamento. Ela jurava nunca ter feito sexo casual nem ido para a cama com alguém que não amasse de verdade. "É errado", dizia. "Hoje em dia, as jovens dão suas bocetas para qualquer um, nem pensam no poder que carregam."

O moralismo sexual dentro da máfia está ligado ao ideal de devoção religiosa que muitos criminosos seguem à risca. O complexo de Madonna-prostituta, de Sigmund Freud, ilustra bem como essa postura permeia o tratamento das mulheres dentro dos clãs: ou são "puras" como a Virgem Maria, ou são vadias — não há meio-termo. Muitos estudiosos da máfia descrevem os grandes chefões como homens religiosos, que ficam só no "papai e mamãe" com a esposa, em sinal de respeito, e guardam o sexo "selvagem" para as amantes ou prostitutas (há quem diga, contudo, que "mafioso de verdade" não paga por sexo). Quem corrobora com essa caracterização é o jornalista Girolamo Lo Verso, que dissecou a mentalidade da máfia siciliana no livro *Mafia e Psicopatologia*, de 2017.

Como conta Lo Verso, há um velho provérbio siciliano que diz *Cummanari è meglio di futtiri* ("Mandar é melhor que foder"), ou seja, manter um caso por muito tempo pode criar um vínculo afetivo, o que atrapalha e fragiliza. "Nesse universo, a sexualidade se limita a relações passageiras com a esposa e aventuras com mulheres de moral duvidosa como afirmação de masculinidade", diz.[2] "O mafioso deve respeitar a esposa (que, a rigor, é sexualmente reprimida), ou seja, não manter outros relacionamentos de conhecimento público. Isso significa que o poder da Cosa Nostra sobre a vida e a morte está acima das relações erótico-afetivas."

Como outros tantos traços culturais da sociedade italiana que permeiam o submundo do crime, a infidelidade é uma constante. O dito popular *Non c'è due senza tre* ("Onde comem dois, comem três"), acompanhado de uma piscadela, por exemplo, insinua que os casamentos só sobrevivem à rotina porque os cônjuges têm amantes. Em todas as máfias, as mulheres também têm casos extraconjugais, porém o risco que correm é muito maior.

Em 2016, Mariano Marchese, chefão da Cosa Nostra, mandou espancar até a morte a esposa de um velho mafioso que tinha acabado de pegar prisão perpétua pelos crimes de sempre: homicídio, coação e conluio. Em ligações interceptadas pela polícia, Marchese, seus associados e o marido chifrudo, de 76 anos, discutiam o que fazer com a esposa, que era bem mais jovem, depois de descobrir seu envolvimento com um funcionário de um café local. O amante não tinha nenhum vínculo com a organização, mas devia saber com quem ela era casada. "Foi um desrespeito a todos nós", dizia Marchese aos capangas encarregados do assassinato, na gravação divulgada à imprensa. "Trata-se de respeitar nossa dignidade."

A polícia interveio quando Marchese mandou matar a jovem esposa. "Eu a quero em um quarto, tomando paulada", instruiu. "Arrebentem seus miolos." A mulher pediu proteção policial, mas não há registro de que tenha deposto contra o marido ou algum dos comparsas.

Outra notória adúltera, Angela Bartucca, é descrita várias vezes como *femme fatale* nos arquivos da polícia. Chegou a escapar da ira do marido, membro da 'Ndrangheta condenado a uma longa pena de prisão, todavia acabou sendo ligada à morte de vários dos jovens com quem se relacionou na ausência do marido.

O primeiro deles foi algemado dentro do carro em que teve um encontro às escondidas com Angela. O carro foi incendiado com ele dentro, ainda vivo. Segundo um delator incumbido de espioná-la, o cadáver de outro amante foi encontrado, cheio de hematomas e ensanguentado, amarrado a uma árvore que servira de ponto de encontro. O depoimento diz ainda que o homem foi espancado durante vários dias, até a morte, e que os golpes se concentravam, principalmente, na região da genitália, que havia sido parcialmente mutilada. O terceiro e último amante, Valentino Galati, jovem *'ndrino*, ficou de vigiá-la para impedir que traísse o marido. Mal assumiu o posto, os dois acabaram na cama. Valentino desapareceu sem deixar rastros, em mais um caso de *lupara bianca*.

Em raros casos, em geral quando um marido bem mais velho é condenado à prisão perpétua, o homem aceita um substituto para satisfazer as necessidades sexuais da esposa mais jovem. Assim, se ela encontrar outra pessoa, é menos arriscado. Em muitos casos, o escolhido é um padre. O voto de celibato evita que se apaixonem.

Apesar da imagem de que os homens mafiosos preferem as santas, as mulheres mostram conhecer seu poder de sedução. Quando vão para a cadeia, basta jogar um charme para ganhar a simpatia dos guardas e, quem sabe, descolar um tempinho a mais de banho de sol ou receber uns mimos de fora do presídio. Pupetta era mestre na arte da sedução e conseguia regalias até para outras detentas, que ficavam em dívida com ela.

Do lado de fora, conversas insidiosas podem ser usadas para testar aliados e arrancar informações. Muitas filhas e irmãs de mafiosos foram instadas a usar seu charme contra o inimigo. Reza a lenda que, ao longo da história da máfia italiana, contar segredos a uma mulher era traição grave e, em alguns casos, passível de morte. Afinal, se ela conseguia fazer o homem quebrar o pacto de *omertà*, podia muito bem jogá-lo contra os comparsas de outras formas, ou até fazê-lo procurar a polícia. Na cozinha, Pupetta me confidenciou ter conhecido uma mulher que trabalhava arrancando segredos de membros dos clãs inimigos. "Ela pagou caro por isso. Quando descobriram, cortaram fora os seios dela e a deixaram sangrar até a morte", disse, com a maior naturalidade.

A despeito da imagem romântica da esposa fiel que chora no travesseiro pelo marido mafioso até ele voltar para casa com o cheiro do perfume da amante, tudo indica que elas, por sua vez, também dão suas escapadas.

Hoje em dia, as mulheres mafiosas são pessoas de confiança de seus parceiros. Mais que tapar buraco na ausência do marido, dão conselhos e estão sempre de prontidão. Trair uma relação tão próxima é algo ainda mais perigoso. A procuradora Cerreti assumiu um risco ao cooptar Maria Concetta Cacciola, nascida em uma das facções mais violentas da 'Ndrangheta. A mãe, Anna Rosalba Lazzaro, estava metida até o pescoço com a *'ndrina* da família, e o pai, Michele Cacciola, era chefe da cúpula. Desde cedo, Concetta comeu o pão que o diabo amassou. Chegou a manifestar uma vontade de ir embora da Calábria e deixar aquele antro de crime e corrupção. No entanto, foi obrigada pelo pai a se casar com o rival, Salvatore Antonio Figliuzzi, aos 13 anos de idade, para pôr fim a uma vingança, e, durante muitos anos, foi espancada e estuprada pelo marido. Anos mais tarde, relatou que vivia um verdadeiro circo de horrores em meio à violência, medo, opressão e crueldade do marido, que gostava de colocar uma arma em sua testa e puxar o gatilho; ela nunca sabia se a arma estava ou não carregada.

Com a prisão do marido por crimes ligados à máfia, Concetta pediu divórcio e teve a audácia de começar outro relacionamento. Foi rechaçada publicamente pela família, que pregava que o casamento era indissolúvel, por isso, a única saída era a morte. Acabou sendo mantida refém pelo pai, trancafiada e espancada na casa em que cresceu, até prometer acabar com o namoro e se guardar para o marido preso.

Em 11 de maio de 2011, aos 31 anos, decidiu ir embora de vez. O marido ainda tinha muitos anos de pena para cumprir; o filho, Alfonso, foi pego pela polícia sem carteira de motorista, e ela foi chamada à delegacia. Aproveitando a chance, disse que precisava contar o que tinha vivido nas mãos da família.

O delegado falou com Cerreti, que orientou Concetta a ficar em casa e agir normalmente, para não levantar suspeitas. No território da 'Ndrangheta, ficar um tempinho a mais na delegacia já era mais que motivo para despertar suspeitas. Assim, receosa de que os pais de Concetta desconfiassem e a matassem para evitar uma delação, Cerreti achou melhor mandar a mulher para casa e ouvi-la uma semana depois.

O adiamento, na verdade, tinha ainda outro motivo: testar a disposição de Concetta de depor contra a família. Talvez o gesto não passasse de uma jogada e ela não voltasse. Uma semana depois, Concetta entrou pela porta lateral da delegacia de Rosarno. Cerreti e a polícia a aguardavam. Mais duas oitivas ocorreram até que, em 25 de maio, depois de corroborar parte do depoimento, a procuradora achou por bem colocá-la sob proteção policial. Pela lei italiana, a polícia só pode continuar o serviço de proteção à testemunha se, em até 180 dias, reunir provas suficientes que confirmem as informações apresentadas pelo delator. Como nem sempre o prazo é suficiente, os colaboradores ficam em uma situação delicada, pois as famílias mafiosas, já cientes dessa brecha, fazem de tudo para atrapalhar o andamento das investigações quando suspeitam que alguém resolveu abrir o bico. Para Cerreti, o prazo é falho. "É pouco tempo para entender a situação", diz. Ainda por cima, o benefício da proteção passa por uma revisão a cada quatro anos, a fim de apurar se o delator ainda está cooperando, se voltou para o clã ou se desapareceu.

Os relatos de Concetta eram escabrosos e mostravam os bastidores da complexa estrutura da 'Ndrangheta. Enquanto detalhava as conexões entre os clãs dos pais, trouxe à tona nomes cujo envolvimento era muito maior do que a Justiça imaginava. Ao fim do mês, a delatora estava vivendo sob nova identidade e se encontrava sã e salva no outro lado da Itália. Mas ela sabia que a traição jamais seria esquecida, ou perdoada. Com os filhos ainda em poder da família na Calábria, ela sofria chantagem para retirar a confissão.

Por intermédio de uma pessoa de confiança, Concetta começou a enviar mensagens para saber como estavam os filhos, que por certo não viviam bem estando longe dela. O intermediário, que, é óbvio, não era tão confiável assim, lhe dizia que os meninos sofriam maus-tratos pelos "crimes" dela contra a família. Cada vez mais angustiada, ela implorou para que a procuradora os tirasse de lá, no entanto não havia base legal para um pedido desse tipo, uma vez que o pai das crianças estava preso e elas estavam sob os cuidados da família. Embora o intuito da legislação italiana seja garantir a segurança de colaboradores, as brechas para quem arrisca a própria pele fugindo de uma vida de violência e criminalidade são desalentadoras, para dizer o mínimo.

Em 2 de agosto de 2011, apenas três meses após a delação, Maria Concetta soube que as crianças não aguentavam mais, e resolveu procurar a mãe e o irmão, mesmo depois de tudo que contou à polícia. Por mais arriscado que fosse, precisava dar mais um abraço nos filhos.

A família ficou de buscá-la — na época, estava escondida em Gênova. Disseram que "entendiam" o motivo da fuga e deram sua palavra de que poderia abraçar os três e voltar a salvo para casa. No último minuto, Concetta se sentiu insegura e ligou para a polícia, que conseguiu agir antes que a família a buscasse em Gênova.

A família não desistiu. Pressionou-a a voltar, com a promessa de segurança e a oferta da contratação de advogados para defendê-la. Dividida entre ficar perto dos filhos e a própria segurança, Concetta acabou não resistindo e foi encontrá-los de novo. Em 8 de agosto, voltou a Rosarno e abraçou os filhos. Os tais advogados, que em tese estariam lá para protegê-la, a induziram a retirar a confissão. Mal sabia ela que a declaração gravada por eles conteria suas últimas palavras.

Três dias depois, estava morta. A família alegou suicídio. O laudo da autópsia era macabro: Concetta havia ingerido ácido clorídrico. Era impossível que tivesse feito isso sozinha, pois o ácido queimaria sua garganta, provocando vômito. Alguém deve tê-la forçado a engolir. A *causa mortis* era ataque cardíaco, decerto em decorrência da dor insuportável provocada pela corrosão do trato digestivo. A família, por sua vez, bateu o pé e disse que ela havia se matado de remorso pela traição.

Cerreti não acreditou e citou dezenas de "traidores" que, claramente, haviam sido forçados a beber ácido, a fim de coibir novas deserções. Os registros de óbitos de Régio da Calábria mostram que, entre 2005 e 2015, pelo menos meia dúzia de mulheres da 'Ndrangheta morreram após a ingestão de ácido. Quatro delas tinham tentado se entregar para a polícia; outras duas haviam traído os maridos.

Poucos dias depois de o corpo ter sido encontrado, a família acusou a a procuradora e sua equipe de se aproveitarem dos problemas psicológicos de Maria Concetta para manipulá-la, mais uma vez invocando o velho estereótipo da mulher de mente fraca, portanto incapaz de tomar decisões como aquela. Segundo a denúncia, os procuradores teriam coagido a testemunha a "inventar acusações" com promessa de dinheiro e segurança, e empregaram ardis para minar os laços familiares, usando as crianças de isca para conseguir uma confissão. O número de delatores que voltam atrás é a maior prova de que sair de uma organização criminosa pode ser fatal — com exceção de Giusy Pesce, que ainda está viva (até agora).

Embora o intuito da legislação italiana seja garantir a segurança de colaboradores, as brechas para quem arrisca a própria pele fugindo de uma vida de violência e criminalidade são desalentadoras, para dizer o mínimo.

Abalada pela morte de sua principal testemunha, a qual estava certa de que fora assassinada, a procuradora instaurou um inquérito que acabaria provando que o pai e o irmão de Maria Concetta estavam envolvidos em seu fim trágico, embora não fossem os principais responsáveis. Em 2014, a pena que lhes foi imposta, apesar de ser branda, foi reduzida: a do pai passou de cinco anos e quatro meses para quatro anos, e a do irmão, de seis anos para quatro anos e meio. A pena de dois anos da mãe foi mantida.

Apesar do sacrifício de Maria Concetta, Cerreti continuou a buscar mulheres valentes dispostas a ajudá-la a quebrar as pernas da 'Ndrangheta. Durante a colaboração de Giusy Pesce, chegou ao gabinete uma carta de outra Giuseppina, prima distante da finada testemunha.

Giuseppina Multari, testemunha protegida desde 2006, enviou um bilhete enigmático, pelas mãos da procuradora, contendo uma mensagem de incentivo a Concetta. Giusy se casou a contragosto com Antonio

Cacciola, cunhado de Concetta. Usuário de drogas, o marido tinha crises depressivas com acessos de fúria, em que a agredia. Acabou cometendo suicídio — ou, como suspeitava Cerreti, foi morto por trair a esposa prometida. A família culpou a viúva pela depressão e suicídio e, em represália, prendeu-a em casa, onde era estuprada por familiares com fome de sexo — ou de poder.

Em depoimento, ela contou que, na noite da morte de Antonio, o sogro, Salvatore, sacudiu-a pelos braços e ameaçou vingar a morte do filho matando ela e toda a sua família. "Depois disso, não tive mais vida. Não tinha liberdade para sair de casa, sem antes pedir permissão para os meus sogros ou cunhados, e um deles sempre ia junto. Ninguém me dirigia a palavra. Não podia nem mesmo cuidar de minha saúde sozinha, eram eles que definiam o médico e como ele viria me ver."

Era vigiada, em regra, pelas mulheres; cunhadas que não tinham o menor remorso, ou, vai ver, invejavam Giuseppina por ter se livrado da violência do marido.

O bilhete para a prima, assinado como "G. Multari, programa de proteção às testemunhas", dizia apenas: "Força, vá em frente!".

Intrigada, Cerreti foi buscar mais informações relacionadas àquela mulher, que nunca havia visto na vida, e encontrou alguns documentos perdidos no meio da papelada. Descobriu que Multari tinha sido torturada e escravizada pela família do marido. Toda noite, era trancafiada em casa com as três filhas. De dia, ficava isolada e só podia sair de casa para levar as filhas à escola e visitar o túmulo do marido. A procuradora não soube explicar o que eles viam em Multari para vigiá-la daquele jeito.

Uma noite, em 2006, aproveitando que seus captores estavam em uma festa, Giuseppina pulou a janela e fugiu para o movimentado litoral, na esperança de se misturar à multidão até encontrar ajuda. O irmão, um de seus carrascos, descobriu sua localização e a conduziu ao hospital, afirmando que a daria o presente de não levá-la de volta. Porém, as autoridades não levaram a sério sua disposição de sair do clã, e ela acabou de volta ao inferno do qual mal tinha saído. Por fim, deixou com um professor da escola das filhas uma carta para o DDA (*Direzione Distrettuale Antimafia*, a procuradoria regional responsável por investigar crimes ligados à máfia), explicando a situação dela e das filhas, com informações detalhadas sobre os integrantes da *'ndrina* e o endereço de onde estava. Foi resgatada junto às filhas e colocada no programa de proteção às testemunhas. Dentro em pouco, a custódia se assemelhava a um novo cativeiro.

Ninguém apareceu para colher o depoimento ou explicar como seria. Seis anos depois, Cerreti entrou em contato. "Nada justifica o abandono dessa mulher depois do inferno que ela viveu", disse. "Eu sabia que podia confiar no que tinha a dizer, até porque ela continuava esperando e nem se atreveu a voltar."

O depoimento de Giuseppina Multari levou à descoberta de um dos maiores esconderijos de armas roubadas já encontrados na Europa e à prisão de dezesseis chefes da máfia na Calábria, na Alemanha e na Holanda, por associação mafiosa com intenção de se infiltrar em entidades mantidas pela União Europeia. A investigação foi batizada de "Deus". Graças à contribuição de Multari, a administração municipal de Rizziconi foi dissolvida e todos os vereadores foram presos por associação ao crime organizado.

Depois de prender os traficantes de armas, Cerreti voltou a atenção para os responsáveis pelo aprisionamento de Giuseppina e das filhas. Ao término da investigação, os torturadores foram presos e condenados com base em velhas leis contra escravidão, há muito em desuso. Entre os condenados, havia três mulheres: Maria Cacciola, de 43 anos, Jessica Oppedisano, de 36, e Teresa D'Agostino, de 63. Elas continuam presas no momento em que escrevo este livro.

O romance *O Poderoso Chefão* (1969), best-seller de Mario Puzo, acabou transformando a máfia em ícone cultural enquanto tentava dissecar a vida do submundo do crime. Puzo, que morreu em 1999, disse que sua representação da Cosa Nostra siciliana é "mera ficção" e negou ter recebido ajuda "de dentro" para contar aquelas histórias com tanto realismo. Quem conhece a história da máfia na vida real, porém, não duvida que estivesse protegendo suas fontes e, decerto, a própria pele.

Boa parte do livro (que Puzo ajudou Francis Ford Coppola a adaptar para a tela do cinema) parece bem plausível, principalmente o conservadorismo das mulheres e seu papel um tanto burocrático. A trilogia de Coppola retrata muito bem o que se esperava das mulheres na época representada, ao contrário dos filmes que vieram depois.

A vulgaridade escancarada das mulheres da máfia é um dos aspectos que mais destoam da realidade na cultura de massa. As esposas e namoradas de mafiosos, muitas vezes, são retratadas como mulheres cafonas com roupas provocantes, mais ou menos como a extravagante personagem de Michele Pfeiffer, em *De Caso com a Máfia*, ou usando "terninhos e roupas de lã grossa" como as esposas e mulheres de bandidos em *Os Bons Companheiros*. As cenas mal roteirizadas desses filmes ajudaram na criação da perua suburbana de New Jersey, Carmela Soprano, com direito a acessórios chamativos, unhas espalhafatosas e bronzeamento artificial. Se essas representações funcionam bem na ficção, no entanto, na vida real é bem diferente.

A verdade é que as mulheres do meio mafioso costumam se vestir da mesma forma que as outras mulheres, com apenas uma exceção: quando estão enlutadas pela perda do marido, pai ou irmão, por baixo da tradicional roupa preta que simboliza o luto das mulheres dentro e fora da máfia, elas usam lingerie vermelha.

Até as mais velhas, que já passaram da fase de aguentar o incômodo das calcinhas fios-dentais de renda e sutiãs com armação, trocam as peças normais por combinações e cintas vermelhas. Contrariando minha impressão inicial ao ver esse tipo de peça nas vitrines de Nápoles, não há conotação sexual. O objetivo das peças não é seduzir maridos ou amantes. A tradição, que remonta a décadas, é usar a cor do sangue para simbolizar a promessa de vingar a morte dos homens que elas perderam. Durante o período que passou na cadeia, Pupetta usou lingerie vermelha trazida de sua loja predileta em Nápoles. O hábito foi abandonado depois que se uniu a Umberto, "em respeito ao pai dos meus outros filhos".

Reza a tradição que, quando um mafioso vai preso, a esposa ou namorada fica proibida de usar maquiagem e pintar o cabelo, e deve se vestir com desleixo, para não passar a impressão de que está se arrumando para outro homem ou tem olhos para alguém além do companheiro encarcerado. Quem não segue esse costume é vista como traidora, uma ofensa passível de morte. Outro homem da família assume o papel de controlar a esposa do detento e fica responsável pelo cumprimento da regra. Esse costume é rigorosamente respeitado na Calábria e é bem comum na Sicília. Já as mulheres da Camorra, mais livres e independentes, se produzem até na ausência do marido.

Nem todos os clichês ligados à máfia perduram. Ainda é comum a visão de que, em todas as organizações, os homens gostam de se casar com virgens que conhecem desde a infância ou viúvas de aliados, mas são bem menos criteriosos na escolha da amante. Roberto Saviano, que diz ter baseado o livro *Gomorra*, sobre a Camorra napolitana, em fontes dos clãs em que se infiltrou, reproduziu mitos sexuais relacionados às mulheres do crime organizado.

Ele alega que a máfia não evoluiu no mesmo ritmo que o resto do ocidente, muito menos a ponto de comportar uma visão da sexualidade feminina como algo positivo, e que a rígida moral católica que predominou em muitas famílias de mafiosos durante décadas continua intacta.

Ao conversar com mulheres que se relacionam de diversas formas com o mundo do crime — de criminosas e delatoras a procuradoras e analistas —, minha conclusão é que os mafiosos até gostam de se casar com mulheres inexperientes, no entanto o mito da virgindade está ultrapassado. Claro que muitos homens não gostam de imaginar que possa haver outro mais dotado ou ocupando um lugar mais alto nas lembranças e fantasias sexuais da mulher. Contudo, hoje em dia, virgindade é coisa rara e, pelo jeito, supérflua.

Virgem ou não, a maioria dos mafiosos se casa com a mulher pela qual se interessa dentro do clã ou de uma família aliada tão ou mais poderosa que a sua. Casos de casamento entre facções são muito raros (a não ser para selar acordos de trégua ou expansão de território). Em ambos os casos é de importância vital que as jovens mulheres da máfia não sigam os seus corações.

Foi justamente esse pragmatismo o que atraiu Pascalone em Pupetta. A linhagem dela era perfeita: uma família de mafiosos que não representava uma ameaça aos seus interesses. Pupetta não levava isso a sério. "Nós nos apaixonamos, começamos a trocar cartas quando ele foi preso e, ao sair, era paixão que não acabava mais", disse, mostrando várias cartas manuscritas de Pascalone, guardadas em caixas separadas por categorias que ela não quis explicar.

Como vários deveres que cerceiam a vida das jovens nascidas no seio da máfia, cabe à família, à mãe sobretudo, cuidar para que a filha não se apaixone espontaneamente. A ideia é bater na tecla da responsabilidade moral de zelar pela imagem da família abstendo-se de relações não autorizadas, ao passo que a sanguinolência e o caos da vida no clã são moralmente aceitáveis.

O pai mafioso também se desdobra para preservar a pureza da filha para o escolhido dele ou do clã. Muitas filhas de mafiosos pagaram com a vida a insolência de escolher com quem queriam ficar. Em 1983, aos 24 anos, Annunziata Giacobbe, bela filha de um subchefe da 'Ndrangheta, tinha foi chamada ao campo, perto de Rosarno, na Calábria.[3] Com receio de ir sozinha, pediu para o primo Antonio, de 18 anos, acompanhá-la, esperando proteção. Próximo ao local marcado, os dois foram atacados por quatro *picciotti* (aprendizes da 'Ndrangheta) que faziam esse tipo de serviço para ganhar pontos com a organização com vistas à admissão plena.

Os garotos atiraram nos primos e fugiram, mas voltaram ao ouvir um gemido de dor de Annunziata, que havia sobrevivido ao ataque. Assim, cortaram a garganta dela com uma faca de poda e foram embora. A polícia apurou que Vincenzo Pesce, chefe da 'Ndrangheta, mandou matar a menina, que era prometida de um dos filhos, pois preferiu-a morta a vê-la dispensar um filho seu para viver uma paixão.

Obviamente, a grande contradição é que os filhos da máfia fazem o que bem entendem e podem ter todas as amantes que quiserem antes — e até depois — de se casarem. Como explicou um jornalista especializado no tema da máfia, as esposas mais jovens da Camorra e da 'Ndrangheta preferem que o marido tenha amantes estrangeiras. Para elas, é melhor o marido ir para a cama com uma russa, moldávia ou polonesa do que com uma italiana que possa ter ligações com outros clãs e trazer encrenca para a comunidade mafiosa. Segundo ele, as estrangeiras não são vistas como rivais, seja por serem consideradas socialmente inferiores ou porque o verdadeiro mafioso não mistura sangue estrangeiro na linhagem.

Uma vez entrevistei uma mulher da 'Ndrangheta que teve um caso com alguém que um homem mais velho da família "reprovava". O castigo foi à altura da transgressão. A mulher, que chamarei de Monica, me encontrou em um esconderijo em Roma. Estava cheia de pontos por lesões decorrentes de um estupro coletivo muito violento. Os braços traziam marcas de cigarro em vários tons, indicando maus-tratos prolongados. Descobriram que ela se envolveu com um arqui-inimigo do marido quando este estava preso. Monica me disse, com todas as letras, que havia merecido o castigo e que, hoje, acredita ter sido usada pelo rival para desmoralizar o marido.

Essa falta de autoestima parece um traço comum das mulheres na máfia, e até de outras mulheres italianas que foram reprimidas, humilhadas e induzidas a se enxergarem como objetos sexuais. Não é nenhum segredo que o machismo presente na cultura italiana é reforçado há muitas gerações. A mídia estraga os homens com representações estapafúrdias das mulheres. Já me aconteceu de, em entrevista com um alto executivo de Milão, ver da janela um outdoor que mostrava uma mulher praticamente fazendo sexo oral em um sorvete Magnum. O machismo arraigado na cultura italiana é um entrave à ascensão das mulheres. Até hoje se coloca foto no currículo e os anúncios de emprego podem restringir a faixa etária do candidato. Será que realmente importa que a nova contadora ou médica seja jovem e atraente?

Boa parte do machismo da mídia italiana vem do conglomerado televisivo de Silvio Berlusconi, ex-primeiro-ministro. Em 2010, escrevi uma matéria de capa para a revista *Newsweek* acerca do "problema" dele com as mulheres (que já comentei neste livro) e como a objetificação sexual das mulheres levou à vergonhosa posição da Itália no relatório do Fórum Econômico Mundial relacionado à desigualdade de gênero.[4] Comecei o artigo com a descrição de um famoso programa de televisão italiano chamado *Striscia la Notizia*, até hoje um dos mais inteligentes e mais estúpidos da rede de Berlusconi. O formato conta com dois apresentadores, homens, que trazem matérias impactantes, como entrevistas com criminosos, abordagens sérias acerca do crime organizado e denúncias de esquemas de corrupção no país. Os dois estão sempre acompanhados de duas mulheres — uma loira e uma morena — cuja única função é o apelo sexual. No artigo, questiono a necessidade daquilo no programa. A matéria viralizou e foi parar na imprensa italiana. Cheguei a pensar que tinha iniciado uma discussão que, talvez, até surtisse algum efeito. Foi ingenuidade de minha parte.

A resposta à matéria chegou uma noite, enquanto preparava o jantar para meus filhos. Dois *carabinieri* fardados, agentes da força de elite da polícia militar italiana, bateram à porta para entregar uma intimação judicial por difamação contra Berlusconi e os produtores do programa. Na matéria, descrevi uma cena em que uma bela mulher negra, vestindo uma calcinha minúscula, rastejava no chão enquanto um dos apresentadores segurava uma réstia de alho presa em um cinto. A referência fálica era explícita. Contei ainda que ela levou um tapinha no bumbum ao sair do palco. Assisti ao vídeo várias vezes. O susto da moça não deixava dúvidas de que o homem a havia tocado. O processo, porém, alegava que a cena estava no roteiro e que não houve contato, um "erro" pelo qual eu poderia passar três anos na cadeia (o crime de difamação na Itália prevê pena de prisão). A *Newsweek* arcou com minha defesa e o caso terminou em acordo. A revista veiculou uma carta meio jocosa de um produtor do programa, em que dizia respeitar as mulheres. O episódio me ensinou (mais do que isso, alertou) que quem dita a liberdade de expressão no país, principalmente no que diz respeito à forma como as mulheres são tratadas, são homens "superiores". A situação toda foi tão chocante como assustadora.

Conheci Monica nessa época, por meio de uma organização de auxílio a vítimas de casos extremos de violência doméstica. Ela havia sido estuprada por gente da própria família, o que a habilitava a integrar o programa. Minha ideia era contar histórias como a dela não só para denunciar o quadro de violência e desigualdade entre os gêneros, como para demonstrar a impotência das instituições italianas diante do problema. Aprendi com Monica que, às vezes, o problema está na própria visão das mulheres sobre si próprias e seu lugar na sociedade. "Fui fraca, achei que podia ter um caso como meu marido teve antes de ser preso." Uma coisa que me chocou na época foi que ela ainda estava em dúvida se iria depor contra o clã ou se pretendia só dar um tempo para "negociar" a volta — o que acabou acontecendo, como eu soube depois.

Caso ela tivesse delatado, teria direito a proteção policial e poderia recomeçar a vida. Do contrário, acabaria solta no mundo e teria que se defender sozinha. Foi só depois de muitos anos que minha ficha caiu: Monica não acreditava na força da polícia, na capacidade de protegê-la ou sequer que fosse levar o combate contra o grupo às últimas consequências. Não tenho ideia se está viva ou que sacrifícios teria que fazer se quisesse voltar para a família, mas nada me tira da cabeça que isso envolveria estupro.

Perguntei a Pupetta se a violência sexual é comum no meio em que seu pai e Pascalone circulavam e se eles já tinham se envolvido nesse tipo de castigo. A resposta dela foi: só acontece quando é "merecido". Se a filha de um subchefe traísse o namorado mafioso o desmoralizando, por exemplo, era "natural que fosse castigada". Segundo ela, o estupro punia para o resto da vida, pois colocava um fim à vida amorosa da mulher. "Quem vai querer saber de uma estuprada?", explicou, dando a entender que concordava.

O estupro também é usado quando se descobre um homem gay dentro da máfia, algo inaceitável (mais na teoria do que na prática) na maioria dos grupos do crime organizado. Todavia, novamente, como em outros aspectos, a Camorra napolitana tende a ser mais liberal que as outras. No meio criminoso, até a palavra *omosessuale* (homossexual) é tabu entre os mais velhos, como se ao tirar a palavra do vocabulário a atração por pessoas do mesmo gênero deixasse de existir.

Uma coisa que me chocou na época foi que ela ainda estava em dúvida se iria depor contra o clã ou se pretendia só dar um tempo para "negociar" a volta — o que acabou acontecendo, como eu soube depois.

Em 2007, um homem gay, de 20 anos de idade, foi estuprado por oito integrantes da Cosa Nostra quando cumpria pena por crimes ligados à máfia na penitenciária de Piazza Lanza, em Catânia, na Sicília. A brutalidade foi tamanha que ele precisou levar vários pontos no ânus. O advogado, Antonio Fiumefreddo, me contou que muitos chefes mafiosos são gays, porém não admitem. "Meu cliente foi castigado pela honestidade", disse. "Os outros levam uma vida dupla até serem pegos."

Há vários casos horripilantes de homofobia, inclusive envolvendo morte. No presídio napolitano de Santa Maria Capua Vetere, um camorrista foi encontrado enforcado no pátio porque o vizinho de cela achou tê-lo ouvido recebendo um boquete do tunisiano com quem dividia a cela. Na Sicília, o estigma não é reservado apenas aos homossexuais: famílias inteiras podem ser rejeitadas pela Cosa Nostra se um aspirante possuir um parente gay[5]. Com filhos de pais divorciados acontece a mesma coisa.

Exceções até existem, mas são poucas. Em 2009, em operação deflagrada contra uma rede de prostituição e narcotráfico, a polícia de Nápoles prendeu 27 integrantes de um clã poderoso[6], liderado por Ugo "Kitty" Gabriele, a primeira presa transgênero de que se tem notícia a chefiar, ou mesmo integrar, um clã mafioso na Itália. Kitty estava à frente de seu tempo: impunha total respeito como comandante da facção de seu clã. O que mais impressiona é que ela se vestia e se identificava como mulher em uma época em que não se levava a sério mulheres chefes de máfia. A prisão rendeu manchetes sarcásticas em tom transfóbico na imprensa local e internacional (o que não surpreende, dado que o reconhecimento dos direitos de pessoas trans no mundo todo só começaria a coibir esse tipo de ofensa uma década mais tarde, a muito custo).

A tolerância não foi a mesma no caso de Giovanna Arrivoli, ou Giò, que sabia ser um homem trans desde muito cedo. Com 41 anos, ambicionava a chefia de um clã da Camorra e tinha começado a fazer cirurgias de readequação sexual. Acabou torturado e morto a tiros em 2016, supostamente depois que outros membros do clã descobriram que era transgênero. Foi torturado durante vários dias e morto com dois tiros no coração e um na cabeça, e, quando encontraram o corpo, apenas a cabeça estava enterrada, o que, para a polícia, sinalizava vingança por traição. Segundo a parceira com quem vivia, Giò acumulava dívidas de jogo e de drogas — o que era estranho, pois, em regra, esses criminosos estão na posição oposta, a de credores. De qualquer modo, um policial com quem conversei acreditava que o crime tinha sido motivado por transfobia.

É possível que a questão não fosse a "farsa" de Giò, e sim a revolta de pessoas ignorantes acerca de questões de gênero, fato ainda espantosamente comum na Itália. Os direitos da população trans são especialmente problemáticos no país, com exceção da ex-parlamentar Vladimir Luxuria. Mesmo sem ter passado por cirurgia, sua luta para ser respeitada como mulher tendo o sexo biológico masculino lhe valeu um banheiro separado no parlamento italiano. De lá para cá, a oficialização do nome social virou lei, porém a retificação de gênero ainda é controversa e as decisões são tomadas caso a caso. Essa dificuldade permanece presente na hora de colocar os nomes de dois pais ou duas mães na certidão de nascimento e na adoção por casais homoafetivos. A adoção de enteados com parentesco biológico com um dos pais é permitida somente a casais heterossexuais. Mesmo em casos envolvendo barriga de aluguel, só um dos pais homossexuais pode constar na certidão do bebê.

No contexto do crime organizado, nem tudo é preto no branco, e os beijos entre pessoas do mesmo gênero não têm necessariamente conotação sexual. Quem acompanha a máfia deve se lembrar do intenso beijo que Daniele D'Agnese, 27, figurão de um dos clãs mais conhecidos da Camorra, deu na boca de dois aliados mais jovens, quando estes foram presos em Nápoles, em 2011.[7] A cena confundiu muita gente. Um especialista na máfia me contou, na época, que o beijo sinalizava aos novatos, ainda não efetivados no clã, que não seriam abandonados e, portanto, não deviam quebrar o pacto de lealdade e delatar.

"Foi uma mensagem para os integrantes mais vulneráveis do grupo, como quem diz: 'Nosso grupo continua em pé; vamos controlar o mesmo território e, aconteça o que acontecer, vocês não foram abandonados'", explicou. O beijo selava a promessa.

Outros beijos não tão íntimos entre mafiosos homofóbicos já tiveram conotações diversas. Na Sicília, o beijo na boca é jura de morte àquele que o recebe. Em Nápoles, o beijo no rosto é sinal de que a pessoa conquistou respeito. Na Apúlia, beijar o anel mostra submissão, à semelhança de bispos e cardeais diante do papa.

Até hoje, alguns chefões da máfia se arrogam ares de santos, recitando passagens bíblicas e distribuindo julgamentos, enquanto, nos bastidores, comandam ataques violentos ou traficam drogas que fazem milhares de vítimas. Colocam mundos e fundos nos cofres da Igreja e cumprem à risca os mandamentos (a não ser, pelo jeito, "não roubarás", "não matarás" e "não cometerás adultério"). Assim, ganham do padre o batismo dos filhos, a missa fúnebre e o perdão dos pecados.

Uma vez, entrevistei um padre em Castel Volturno, um lugar isolado e entregue nas mãos da Camorra e da máfia nigeriana, onde são perpetradas as piores barbaridades já vistas na Itália. Após a Segunda Guerra, a cidade litorânea foi explorada pela família Coppola com o apoio da Camorra, na tentativa de criar uma espécie de Miami italiana. Os esqueletos dos prédios confiscados e abandonados pelo governo tornaram-se local de tráfico sexual de nigerianas e venda de heroína.

O padre, que trabalhou em um centro de acolhimento de mulheres nigerianas vítimas de tráfico sexual, tentou explicar a complexa relação entre a Igreja Católica no sul da Itália e os diversos grupos mafiosos. Segundo ele, um dá ao outro algo que nenhuma outra instituição é capaz: os mafiosos ganham perdão pelos mais diversos pecados, e a Igreja se farta de dinheiro sujo.

"Esse equilíbrio é delicado", disse, admitindo a necessidade de autocrítica. No final de 2019, foi preso como cúmplice de um esquema de prostituição e perdeu a batina.

Essa relação está mudando e há um distanciamento crescente entre a Igreja Católica e a máfia. O papa Francisco foi o primeiro pontífice a tratar abertamente do problema. Em 2014, pouco depois de eleito, ordenou a excomunhão de todos os membros da máfia, dificultando que os párocos de cidades dominadas pela máfia continuassem os tratando tão bem quanto antes. Décadas antes, o papa João Paulo II condenou publicamente a máfia, embora de forma bem menos enérgica. Acusou de cúmplice quem se cala diante da máfia, porém não chegou ao ponto de expulsar mafiosos da Igreja. Francisco proibiu ainda que procissões religiosas parassem em frente à casa de chefões da máfia. O decreto de 2014 foi uma saia justa para os párocos de cidadezinhas que se mantinham com doações generosas de mafiosos da região, em troca de uma espécie de "bênção" de reconhecimento aos maiores doadores durante a procissão.

Em 1993, o padre Giuseppe Puglisi foi morto à queima-roupa nos degraus da entrada da residência paroquial de Palermo, por se recusar a celebrar batizados, casamentos e ouvir confissões de mafiosos conhecidos. Em 2018, o papa Francisco disse, na cerimônia em sua memória, que não se pode acreditar em Deus e fazer parte da máfia. "O mafioso não tem uma vida cristã; seu modo de viver é blasfêmia contra o nome de Deus", afirmou, causando novo abalo na relação entre a máfia e a Igreja Católica.

A cobertura de Pupetta era repleta de imagens religiosas e oratórios com estatuetas de santos. Em uma de minhas visitas, perto do Natal, ela estava terminando um presépio todo detalhado, no clássico estilo napolitano. Perguntei se ia à missa; sem responder, fez o sinal da cruz. Havia se casado com Pascalone em uma suntuosa cerimônia na igreja e continuou colocando flores no túmulo do falecido marido (em cemitério católico) até o fim da vida.

O velório de Pupetta foi marcado para a véspera do Ano-Novo de 2021, na igreja de Santo Antônio de Pádua, não muito longe de casa. A igreja estava enfeitada com coroas de flores adornadas com laços que traziam o nome dela. Pelos murais, espalhavam-se ainda os tradicionais cartazes anunciando a morte e o velório, com data e hora marcada.

Na véspera, a Questura de Nápoles (comando da polícia) proibiu a realização de um velório aberto ao público e até enviou tropas para impedir homenagens à "Madame Camorra". O pároco benzeu o caixão no cemitério de Castellammare di Stabia antes de descê-lo ao jazigo da família. Um grupo de amigas recentes de Pupetta apareceu com flores no cemitério. Mandadas embora, voltaram à igreja e rezaram um rosário pela alma dela.

Até que a Morte nos Separe

A Poderosa Chefona
E OUTRAS MAFIOSAS

5

Depois do assassinato do marido, em 1976, é claro que ela apoiou a iniciativa de seus filhos vingarem a morte do pai. O crime foi executado pelo garoto de 13 anos, Antonio.

No álbum do casamento de Pupetta há um bolso traseiro contendo o envelope onde estava guardada uma via da Certidão de Casamento. O documento datilografado estava desbotado e parecia falso, exceto pela *marca di bollo* ("selo"), com a rubrica do tribunal, datada da antevéspera da luxuosa cerimônia para quinhentos amigos e inimigos, com direito a missa solene.

Pupetta abriu o documento cuidadosamente e leu devagar, como se fosse novidade. "A gente se casou para a vida toda", comentou, sem tirar os olhos do papel. "Nunca mais vou amar assim."

Às vezes, ela parecia esquecer que já tinha mais de 80 anos e dificilmente se apaixonaria mais uma vez. Estava enamorada quando conheceu Umberto, mas o amor morreu no momento em que ele matou o filho dela. "Tem horas que nem sei por que continuei tanto tempo com ele", disse. "Acho que para dar um pai aos gêmeos e poder pagar as contas. Nem tudo que as mulheres fazem é por amor."

Na máfia, em algumas ocasiões, as mulheres colocam a prudência de lado e se deixam levar pelo coração. Antonietta Bagarella, que já foi uma bela mulher de olhos escuros e corpo longilíneo, é um ótimo exemplo de alguém que deveria saber onde estava se metendo ao casar-se com Salvatore Riina (Totò), o chefão todo-poderoso da Cosa Nostra, também conhecido como *Totò ú Curtu* ("Totò, o cotoco") e *la Belva* ("a fera"). Mas ela se casou mesmo assim. Na época, ele estava foragido por homicídio e ela usou a paixão abnegada pelo marido para se proteger da Justiça. O pai de Ninetta, como a chamavam por lá, pertencia à Cosa Nostra e havia passado um tempo em um presídio de segurança máxima por associação mafiosa. Integrante de médio escalão, causava estranheza que oferecesse a filha em casamento para um chefão tão poderoso. Penúltima dos seis filhos de uma família de Corleone, na Sicília, Ninetta era filha de uma cabeleireira de fundo de quintal, e dava aula no Colégio do Sagrado Coração quando conheceu o *capo*. Mesmo sendo pouco atraente e tendo um histórico homicida que vinha desde os 17 anos de idade, Totò conquistou o coração de Ninetta. A morte prematura do primeiro marido de Pupetta deixou em aberto a história do casal. Teriam os dois se tornado parceiros no crime, como aconteceu com ela e Umberto? No caso de Ninetta, a influência de Totò foi nítida, e decerto foi o que a manteve fiel diante dos sacrifícios — físicos e emocionais — que teria que fazer para amar um homem tão sanguinário e viver tanto tempo na clandestinidade.

Totò, la Belva, tinha uma boca de lábios finos, parecida com o bico de um pássaro, e o olhar distante. As sobrancelhas grossas e pontudas o deixavam com cara de mau até nas raras vezes em que não era. Seu primeiro crime foi estrangular um homem com as próprias mãos, um rito de iniciação e prova de coragem imposta pelo pai[1]. Anos depois, foi responsabilizado pelas mortes hediondas dos juízes Giovanni Falcone e Paolo Borsellino, e por ter dissolvido em ácido o jovem filho de um inimigo.

Logo que o namoro veio a público, Ninetta foi demitida. As freiras do colégio sabiam que o pai dela já tinha sido preso por associação com a máfia. Quando viram no jornal o nome dela ligado ao assassino cruel, não tiveram coragem de lhe inquirir acerca dos boatos e foram perguntar à polícia, que confirmou a suspeita atroz. Certas de que não sofreriam represálias por conta do velho costume mafioso de respeitar membros da Igreja, demitiram a professora.

Um ano depois, Ninetta foi intimada por um juiz, acusada de repassar mensagens entre bandidos escondidos pela cidade. Foi condenada ao "exílio" dentro do país e obrigada a cortar contato com a família.

Essa modalidade de pena começou a ser aplicada em 1926, quando Benito Mussolini mandou antifascistas para ilhas remotas e vilas isoladas. De tempos em tempos, é imposta a mafiosos e não raro acaba em suicídio, causado por solidão, medo e paranoia. Para escapar da pena insólita, Ninetta se fez de coitada e fingiu ignorância no que tange às atividades do namorado, embora tivesse sido demitida por conta delas. Liberada, tratou de sair sorrateiramente para se juntar ao namorado foragido. Se tivesse sido condenada, seria a primeira mulher a receber aquela pena.

Estava enamorada quando conheceu Umberto, mas o amor morreu no momento em que ele matou o filho dela. "Tem horas que nem sei por que continuei tanto tempo com ele [...] nem tudo que as mulheres fazem é por amor."

A história de Totò e Ninetta tem pitadas de romance de conto de fadas, só que manchado de sangue. Na época, ele era o bandido mais procurado da Itália. O casamento aconteceu às escondidas; no entanto, na lua de mel, sabe-se que perambularam pelo país, passando os últimos dias do passeio romântico em Veneza. A polícia deve ter feito vista grossa para o mafioso poder circular tão à vontade. O mesmo se pode dizer dos hotéis, restaurantes, e até do gondoleiro que conduziu os dois pombinhos pelos canais de Veneza. Com os rostos estampados nos jornais, nem disfarçados teriam passado despercebidos por tanta gente pelo caminho. Viveram o casamento entre esconderijos e, mais à frente, salas de visita prisionais. Em 24 anos de clandestinidade, criaram quatro filhos, e Totò foi acusado de ser o mandante da morte de 150 pessoas. Em 1993, ele foi preso e condenado a várias prisões perpétuas.

Totò morreu de câncer renal em uma prisão de segurança máxima na Sicília, em 2017. Desde as reformas que entraram em vigor, em meados da década de 1990, é proibido realizar grandes funerais para chefes da máfia. Com isso, Ninetta, que já não passava de uma *nonna* siciliana desgrenhada, teve que velar o marido em uma cerimônia íntima no cemitério de Corleone, sob as lentes dos fotógrafos que se espremiam nos portões de ferro batido. O capelão, Giuseppe Gentile, fez uma prece mais demorada e abençoou o caixão antes do enterro. O funeral completo estava proibido (pelo menos em público), porém vários jornalistas reportaram que o padre Gentile já tinha feito a cerimônia antes, em segredo, após uma generosa doação da família para a igreja.

Totò foi enterrado no jazigo da família, que é adornado por uma estátua do venerado padre Pio e vasos de flores que Ninetta ainda enche de crisântemos toda semana. Compareceram ao velório três filhos do casal, Maria Concetta, Lucia e Giuseppe Salvatore. Por detrás de óculos escuros ao estilo das celebridades, eles chegaram, enxotaram com irritação os jornalistas e foram embora. O caçula, Giovanni, já cumpria prisão perpétua por quádruplo homicídio.

Quando Totò foi trancafiado em um presídio de segurança máxima, a missão de dirigir o clã dos Corleonesi ficou com Bernardo Provenzano, Binnu *u Tratturi* ("o trator"), também apelidado de *il Ragioniere* ("o contador"). À época da promoção, ele já fugia da prisão perpétua a que foi condenado no maxiprocesso dos anos 1980, em decorrência da confissão de Tommaso Buscetta, aliado do Umberto de Pupetta.

Provenzano não se casou, contudo manteve um relacionamento com Saveria Palazzollo, igualmente ligada a uma família do crime, e assim se fechava o círculo. Além de ser uma mulher alta e atraente, era bem mais nova que o Tratturi. O casal precisou se esconder durante todo o período em que se relacionou, o que não os impediu de ter dois filhos.

Antes mesmo de ter o nome ligado a Provenzano, Saveria foi investigada pela compra de uma grande quantidade de imóveis e empresas em um intervalo de apenas cinco meses, no começo dos anos 1970. As aquisições incluíam uma empresa de construção, terrenos próximos à cidade de Pupetta, Castellammare, e um apartamento de luxo em Palermo. As transações levantaram suspeitas porque Palazzollo não declarava renda e seu contador era conhecido por lavar dinheiro para a Cosa Nostra. Quando a polícia foi atrás, descobriu que ela havia fugido com Provenzano. Depois de passar meses na mira da polícia, Saveria vendeu os imóveis para uma empresa ligada à máfia, com ajuda do contador corrupto. A venda foi quase toda em dinheiro vivo e nunca foi descoberta, mesmo com a assinatura de Saveria nos papéis.

Em 1990, foi julgada à revelia por lavagem de dinheiro. Ela chegou a enviar uma carta ao magistrado alegando que teria ganhado o dinheiro de uma tia e, pretendendo alcançar sua independência financeira, foi infeliz na escolha das pessoas para assessorá-la, a quem atribuiu a responsabilidade por tudo que havia de errado. Acabou sendo condenada à prisão domiciliar, porém, como estava foragida, a sentença jamais foi cumprida. Quando finalmente apareceu, o crime já havia prescrito.

Nessa época, Totò cumpria pena em regime de isolamento, e as visitas eram proibidas (inclusive as de Ninetta). A situação durou anos, e Bernardo, o Tratturi, foi tocando as operações de contrabando de drogas, extorsões e crimes — conforme Totò havia planejado. Bernardo era robusto, e nas primeiras fotos da polícia, saiu com cara de modelo por conta do topete juvenil. Na última vez que foi fichado, depois de anos foragido, o Bernardo da foto parecia um Elvis rechonchudo. A alcunha de Tratturi, contudo, não aludia ao tipo físico, e sim à fama de massacrar os inimigos.[2]

Em 1992, depois que os juízes Falcone e Borsellino foram assassinados pelos amados de Saveria e Ninetta — crime que motivou Alessandra Cerreti a combater a máfia como procuradora —, as duas apareceram do nada em Corleone, após uma década foragidas. Chegaram de táxi com seis crianças misteriosas: duas de Saveria com Tratturi e quatro de Ninetta com a "Fera", todas nascidas na clandestinidade, sem certidão de nascimento ou qualquer outro documento.

A presença das duas em tempos tão incertos indicava que os maridos sabiam que, mais cedo ou mais tarde, seriam presos ou mortos, por isso queriam proporcionar um mínimo de segurança a elas e às crianças. Nenhuma das duas colaborou com a polícia; juraram não ter ideia do paradeiro dos maridos, mesmo aparecendo com filhos tão pequenos e de paternidade desconhecida.

Ninetta e Saveria são o exemplo perfeito da mulher mafiosa à moda antiga. Ambas foram investigadas repetidas vezes por crimes ligados às atividades dos maridos, todavia nunca foram consideradas de forma séria como sujeitos ativos do crime. Em parte em razão de seus maridos serem *Capo dei Capi*, "chefe dos chefes", o que tornava pouco provável que elas pudessem substitui-los na organização. É verdade que foram poupadas pelo preconceito das autoridades, porém nada impedia que estivessem bem mais envolvidas em vários aspectos do trabalho dos maridos do que se supunha, e que não eram apenas pessoas que levavam mensagens e guardavam segredos, sendo, de fato, conhecedoras dos meandros dos negócios.

Em 2006, Bernardo foi capturado depois de 43 anos foragido. Vivia em um sítio humilde perto de Corleone, onde os investigadores encontraram noventa estátuas religiosas, cinco bíblias e um velho terço pendurado no banheiro. Na mesa de cabeceira, acharam uma carta inacabada para a bela esposa loira. A carta de amor ainda estava no rolo da Olivetti em que ele datilografava mensagens secretas para soldados da máfia dentro e fora da Sicília. Foi acusado de mandar matar pelo menos quatrocentas pessoas.

Bernardo havia se mudado para o esconderijo um ano antes de ser pego. Escolheu Corleone para ficar mais perto de Saveria. Com pouco mais de 11 mil habitantes, a cidade tem um dos maiores índices de mafiosos *per capita* da Itália. Bernardo e Saveria ficaram sem se ver por alguns meses antes da captura dele, para evitar que ela fosse seguida. Entretanto a distância entre os dois era pequena, e Saveria teimava em fazer macarrão para o amado e mandar roupa lavada e passada. Para encontrar seu esconderijo, a polícia seguiu o rastro de um homem de confiança que buscava cuecas e camisas passadas na casa de Saveria, na cidade, e as entregava para o marido, no sítio. O mafioso foi abordado quando abriu a porta para receber o pacote.

"De forma involuntária, as mulheres sempre foram a derrocada dos bandidos foragidos", disse Nicola Cavaliere, investigador responsável pela operação, ao anunciar a captura. "Foi o que aconteceu com Provenzano: conseguimos pegá-lo depois de uma mulher cometer um erro desastroso."

É complicado apontar o dedo para Saveria, que, aos 48 anos, era bem mais nova que Tratturi, com 74. A polícia encontrou milhares de *pizzini*, bilhetes secretos enrolados em pacotinhos bem presos com fita. Estavam prontos para serem enviados, junto de complicados códigos cuja chave ficava anotada nas bíblias que Bernardo mantinha no sítio, disfarçada de inscrição religiosa. Os investigadores já haviam se deparado com esses *pizzini* antes e sabiam que era Bernardo quem os enviava. Diante do leva e traz de mensagens, não deve ter sido a roupa lavada de Saveria que entregou o jogo. É mais provável que a polícia já estivesse no encalço dele há vários meses, esperando o momento certo para fazer o flagrante. Um detetive que investiga a máfia na Sicília (e não quis se identificar) me disse, durante entrevista em Palermo, que era mais fácil atribuir a captura ao "erro bobo de uma dona de casa". "Se dissessem que a culpa era do mensageiro que levava os *pizzini* ou até de um soldado do clã, a rede toda saberia que a polícia estava atrás", argumentou, dando a entender que o público em geral não questionaria a versão do erro da dona de casa que custou a liberdade do *Capo dei Capi*.

Entre os bilhetes que a polícia decifrou com auxílio da inscrição rabiscada em uma das bíblias, muitos eram dirigidos ao médico de Bernardo e perguntavam a respeito de tratamentos para impotência. Alguns anos antes, Bernardo tinha viajado clandestinamente a Nice, na França, para operar a próstata e investigar uma suspeita de câncer. Pelo visto, passou maus bocados, pois começou a sofrer de disfunção erétil depois disso. Era evidente que estava se preparando para receber Saveria em casa, uma vez que o médico havia receitado, e mandado entregar, Viagra e alguns fitoterápicos.

Com Tratturi preso, o jornal *La Repubblica* entrevistou Saveria, que insistiu estarem todos "completamente enganados" acerca de seu amado,[3] não sendo Bernardo o assassino violento que diziam ser. Ao jornal declarou ainda que pretendia sossegar em sua cidade natal. "Corleone normalmente é um lugar pacato. Nada muito sério ou importante acontece aqui."

Provenzano morreu de câncer de bexiga, em um presídio de segurança máxima de Milão, em 2016. O corpo foi cremado e as cinzas foram depositadas a poucas fileiras do túmulo do ex-comparsa, Totò. Provenzano também não teve direito a velório para receber os soldados que quisessem se despedir. A família acabou optando por cremá-lo em Milão e decidiu guardar a urna no mausoléu familiar. Saveria, no entanto, conseguiu arranjar um padre para uma cerimônia reservada.

O desenvolvimento do crime organizado na Itália não levou propriamente a uma evolução, mas a uma reavaliação do papel de mulheres como Ninetta e Saveria. Por mais abnegadas que tenham sido como esposas de chefões perversos, elas não assumiram o posto deixado por eles. Saveria, em particular, vive no limite da legalidade há anos. Teve o nome ligado a imóveis de comparsas do falecido marido, só recentemente confiscados na busca pelo atual *Capo dei Capi*, Matteo Messina Denaro. Hoje, a mulher vive em Corleone, em liberdade mesmo depois de ter passado anos fugindo com um dos maiores chefões da história da Cosa Nostra na Sicília. Um dos filhos, inclusive, organiza passeios turísticos relacionados a curiosidades da máfia em Palermo, mostrando locais de crimes e roubos pela cidade.

Ninetta saiu de cena depois de perder o marido e teve o patrimônio de 1,5 milhão de dólares apreendido em 2019, por conta da suposta ligação do genro com a máfia. Uma das filhas, nascida quando Ninetta e Totò estavam foragidos, casou-se com homem oriundo de uma família ligada à máfia. Não há dúvida quanto ao fato de que essa união recebeu as bênçãos dos pais da noiva.

"As mulheres da máfia italiana vêm sendo invisibilizadas há muito tempo", diz Rossella Selmini, professora de criminologia e sociologia nas universidades de Bolonha e Mineápolis, em artigo publicado em 2020 pela Universidade de Chicago. Para o pesquisador Ernesto Savona, a ascensão das mulheres na máfia é produto da "suavização do crime organizado". Selmini vai além: os avanços nos métodos de combate ao crime e o endurecimento da legislação obrigaram o crime organizado a se tornar "mais profissional, mais enxuto, mais flexível e menos truculento", e, com isso, "o papel das mulheres vai ganhando importância". Essa visão parece desconsiderar a quantidade de mulheres que têm as mãos sujas de sangue e estão na cadeia por crimes que cometeram. Por outro lado, Selmini admite que o espaço ampliado das mulheres pode ser resultado de uma mudança na percepção: as autoridades é que devem ter acordado para o fato de que, mais que pobres coitadas com rostinhos bonitos, as mulheres são perfeitamente capazes de cometer crimes.

Interrogadas diversas vezes, as parceiras de Provenzano e Riina eram sempre liberadas, apesar de serem as pessoas que mantinham maior proximidade com os homens mais procurados do país. As duas seguem em liberdade até hoje. Porém, nas décadas que viveram se escondendo com mafiosos foragidos, elas devem ter ficado sozinhas na maior parte do tempo. Como viviam na clandestinidade? Recebiam proteção? Nenhuma delas jamais contou publicamente — ou a pesquisadores — como funcionava aquela vida, e, principalmente, como foi feita a educação dos filhos, que falavam alemão fluentemente.

Gaetano Guida, um camorrista *pentito*, foi o primeiro a tirar o véu de mistério acerca do papel que as mulheres desempenhavam na máfia napolitana. Na delação realizada em troca de perdão judicial e de uma nova identidade, revelou que as mulheres ficavam "na linha de frente" das atividades criminosas. Ofereceu ainda informações importantes a respeito de Maria Licciardi, irmã mais nova de um famoso chefe da Camorra. Conhecida como *la Piccolina* ("a baixinha") ou *la Principessa* ("a princesa"), tinha cabelos curtíssimos e, vista de longe, podia ser confundida com um homem, principalmente sob as lentes de câmeras de vigilância. A ficha corrida dela também não ficava atrás. Basta um olhar atento para enxergar que, desde Pupetta, o peso que as mulheres têm nas operações e vendetas da máfia é bem maior do que as histórias de Ninetta e Saveria levam a crer. Maria, hoje com mais de 60 anos, tornou-se famosa depois de vingar o assassinato do sobrinho, mandando matar catorze adversários no intervalo de 48 horas. A revanche, no final da década de 1980, foi uma carnificina perto do primeiro assassinato de Pupetta. A mulher também distribuía listas de pessoas que estavam no "corredor da morte" e entregava as "notas de falecimento" das próximas vítimas.

Desde Pupetta, o peso que as mulheres têm nas operações e vendetas da máfia é bem maior [...] Maria, hoje com mais de 60 anos, tornou-se famosa depois de vingar o assassinato do sobrinho, mandando matar catorze adversários no intervalo de 48 horas.

Em diversas ocasiões, Maria escapou por pouco de ser capturada, como ocorreu quando a polícia vasculhou o sítio, que era um de seus esconderijos, no qual encontraram uma casa, cuja decadente aparência externa ocultava que em seu interior havia uma luxuosa casa de campo com piano de cauda, piso de mármore e banheira de hidromassagem. Ela foi presa em 2001, quando tentava fugir da cidade, escondida no banco de trás do carro de um casal de noivos ainda em trajes nupciais. Cumpriu oito anos de cadeia, de onde continuou dando ordens. Em um famoso incidente, Maria tentou proibir seus clãs de venderem uma remessa de heroína que vinha de Istambul. A droga era pura e sem refino, e a mulher temia que fosse muito forte para consumo e potencialmente fatal. Um dos grupos não gostou da proibição e resolveu desacatar a ordem. Em pouco tempo, a droga matou dezenas de usuários em Nápoles. Como castigo pela desobediência, segundo um informante, os traidores foram obrigados a usar a droga, o que resultou em várias mortes dentro do clã. A máfia tentou manter a aparência de acidente, porém, em pelo menos um dos casos, a overdose teria sido forçada sob supervisão direta de Licciardi.

Ela saiu da cadeia em 2009. Em 2019, outro mandado de prisão foi revogado um mês depois de expedido, e ela saiu livre apesar do extenso currículo criminoso e do impressionante número de mortes que causou. Entretanto, foi capturada no embarque de um voo para a Espanha saindo de Ciampino, aeroporto mais tranquilo em Roma, em uma megaoperação da polícia contra a Aliança de Secondigliano. Acusada de liderar um esquema de extorsão perto de Nápoles, ainda aguardava julgamento na época em que este livro foi escrito.[*] "Ela transmitia ordens dos irmãos para matar", afirmou o *pentito* Guida sobre La Principessa. "As mulheres faziam de tudo um pouco para a aliança: levavam mensagens para os presos, distribuíam o dinheiro e organizavam atividades, principalmente loteria ilegal e extorsão. Elas são a alma da organização."[4]

Um bom exemplo de como as mulheres eram subestimadas foi a chefe da Cosa Nostra, Maria Campagna, descrita por um informante como "uma mulher que tem colhão".[5] O marido de Maria, Salvatore Cappello, o Turi, pegou prisão perpétua por comandar uma rede de tráfico de drogas que se estendia pela Calábria, Nápoles e Sicília e, no começo, a polícia achou que ele só estava passando o bastão. Porém, em 2017, uma investigação mais aprofundada com o nome de Operação Penelope, que terminou em trinta prisões, revelou que os dois eram sócios no esquema, iniciado em 2012, e que dividiam o comando. O saldo de mortes deixado pelo casal chega a 150 pessoas. *Zia* Maria ("tia" Maria), como a chamavam, escapou

---

[*] Em março de 2023 um tribunal italiano condenou a chefe da Camorra, Maria Licciardi, a quase 13 anos de prisão. [NE]

por pouco da condenação ainda no começo do esquema. Em pleno século XXI, a polícia a subestimava por ser mulher a ponto de deixá-la livre para ganhar mais poder e fazer mais vítimas.

Zia Maria era uma mulher de rosto achatado, que usava o cabelo preso como uma professora e raramente se maquiava, visto que o marido estava quase sempre preso. De Catânia, na Sicília, voltou para Nápoles, sua terra natal, onde tocava a pizzaria I Due Vulcani ("os dois vulcões"), referência ao Etna, na Sicília, e ao Vesúvio, em Nápoles. Hoje sob nova direção, o restaurante, nas proximidades da estação de trem, nada mais era que uma espelunca que servia de fachada para atividades ilícitas.

Os investigadores presumiram que o retorno de Maria a Nápoles com o filho só havia ocorrido com a intenção de fugir da vida clandestina. Contudo, na época, seus soldados na Sicília recebiam despachos em Nápoles. Salvatore escondia orientações gerais em fotos cuidadosamente manipuladas e impressas no presídio, que depois eram detalhadas pela esposa. O acesso ao computador da cadeia, aliás, foi conquistado com um súbito "interesse" na carreira de design gráfico. Zia Maria levava com ela os "trabalhos" do marido e mandava pelo correio disfarçados de cartões-postais e notas de agradecimento. Em liberdade, era a única por dentro de tudo que acontecia nas ruas, nas finanças e quem devia matar ou só "dar um susto". Como não podiam conversar sobre assuntos escusos no presídio, pois as conversas (deles e de outros presos) eram monitoradas, restava a ela interpretar as intenções do marido e decidir qual era o melhor plano de ação.

Zia Maria é parte do crescente número de mulheres com participação majoritária nos negócios da máfia. No caso dela, contrariamente à crença geral, o controle não se restringe ao papel. De acordo com o Transcrime, instituto de pesquisas italiano, embora somente 2,5% dos presos por crimes ligados à máfia sejam mulheres, elas aparecem como proprietárias exclusivas de mais de um terço de todos os bens apreendidos da máfia. É o dobro das mulheres com participação societária na economia formal da Itália.[6]

Há fartos indícios de que as esposas de mafiosos faziam muito mais do que acobertar crimes. Logo depois de ser alvejado em plena luz do dia, o marido de Pupetta foi cercado por comparsas que queriam saber quem tinha puxado o gatilho. Pascalone só revelou o assassino para Pupetta depois que a chegada da polícia afugentou seus homens. Ao agir assim, ele a incumbiu da responsabilidade pela vingança e sinalizou ao clã que ninguém mais do que ela merecia aquela confiança. Nem imagino o que os dois fariam juntos se Pascalone não tivesse morrido.

Quem viria a se tornar uma das chefes mais poderosas e sanguinárias de seu tempo foi Anna Mazza, a "viúva negra" do chefão da Camorra, Gennaro Moccia, dono de um território que chegava aos confins de Nápoles. Depois do assassinato do marido, em 1976, é claro que ela apoiou a iniciativa de seus filhos vingarem a morte do pai.[7] O crime foi executado pelo garoto de 13 anos, Antonio. Mas não parou por aí. As operações mais sangrentas do clã foram comandadas por ela. Condenada pelo crime de associação mafiosa, fato inédito para mulheres até então, ela cumpriu apenas cinco anos de cadeia.

Há fartos indícios de que as esposas de mafiosos faziam muito mais do que acobertar crimes.

Os filhos, criados à imagem e semelhança do pai, não a decepcionaram. Anna cultivava relações na política, essenciais no aparelhamento do Estado e legitimação dos negócios da Camorra, e assim aproveitou o caminho praticamente desimpedido até próximo dos seus 80 anos. Uma mulher atarracada de rosto redondo, sempre escondida atrás de um par de óculos escuros ao estilo de Jacqueline Kennedy, só circulava acompanhada de uma equipe de mulheres armadas. Na década de 1980, fingiu se desligar da Camorra só para tentar livrar um dos filhos da cadeia. Morreu em 2017, com mais de 80 anos de idade. O corpo foi velado com pompa na igreja de Santo Antônio, na cidade de Afrágola, região de Nápoles. Entre cerca de cem convidados, Pupetta compareceu e chamou Anna de "amiga da família".

Outra mulher que desafiou as convenções foi Paola Altamura, filha de uma influente família de mafiosos de Taranto (Apúlia), no calcanhar da bota da Itália. A máfia local da Sacra Corona Unita quase não existe mais, contudo, de quando em quando, facções emergem. A fama da cidade se deve à poluição tóxica gerada pela usina siderúrgica da ArcelorMittal (conhecida como antiga Ilva), responsável por um índice de câncer infantil 21% acima das outras cidades da região (porém atrás do registrado na encosta do Vesúvio, onde a Camorra enfia lixo tóxico na "canela" da península). Todos os dias, a cidade amanhece debaixo de uma fina camada de ferrugem tóxica que escapa da usina, que só não é fechada porque gera muitos empregos.

No julgamento que colocou Paola e mais setenta mafiosos atrás das grades, a loira de luzes no cabelo foi descrita como uma "mulher determinada e sanguinária", e acusada de envolvimento direto nos crimes e homicídios cometidos pelos dezesseis filhos que formavam o clã Apesso. A atividade principal do grupo era tráfico de drogas e de armas no Adriático e além, porém também praticavam fraude e extorsão. O juiz responsável pelo caso concluiu que era Paola, a matriarca, quem comandava a distribuição de armas dentro do clã, conforme a tarefa. Além disso, ajudava a empacotar o grande sortimento de drogas traficadas pelo clã (e tinha fama de reduzir a quantidade).

É preciso dizer que a galeria de "primeiras-damas" da máfia reserva um lugar todo especial para Anna Addolorata de Matteis Cataldo, chamada entre os comparsas de Anna Morte. Nascida em Lecce, cidade da Apúlia conhecida como a "Florença do Sul" por seu belo patrimônio arquitetônico, Anna foi condenada à prisão perpétua junto do marido por mandar fuzilar um desafeto a tiros de AK-47. Segundo a sentença, eles praticaram crime por "motivo torpe ligado a disputas de território no submundo do crime"[8]. Ela também planejou a instalação de explosivos na porta de um comerciante que se recusava a pagar a taxa de proteção e, por isso, foi coagido a lhe entregar toda sua mercadoria sob ameaça de ter a loja explodida com ele dentro, caso não obedecesse.

O auge da fama veio na condenação seguinte, com a morte de Paola Rizzello e da filha de apenas 2 anos. Parece que Rizzello detinha informações sigilosas a respeito do marido de Anna, fosse por ter sido amante dele, ou por testemunhar um crime de que era acusado. Com medo de que a mulher abrisse a boca, Anna mandou matá-la, queimarem seu corpo e jogá-lo em uma cisterna. O corpo de Angelica, filha de Rizzello, também foi enterrado por ali, e seus restos mortais foram encontrados quase oito anos depois. Dizem que até o marido de Anna Morte, que também cumpria pena, ficou chocado com a crueldade sem limites da esposa, que acabou condenada à prisão perpétua.

Pupetta não pôde esconder o choque quando falei da violência de suas sucessoras. Disse que, ainda que seu crime fosse feio, pelo menos, tinha feito tudo com "boas intenções". Perguntava-se quantas mulheres seriam capazes de matar uma criança. "Aí é demais. Algumas vinganças, dependendo da situação, até entendo. Mas matar uma criança não dá. Jamais." Fiquei pensando se ela estava falando da perda de seu primogênito e do homem com quem continuou casada, apesar de que ele possa ter sido o assassino do filho dela.

Às vezes, Pupetta tinha uns arroubos de moralismo completamente despropositados. Sempre imaginei que, se a situação pedisse, ela seria capaz de fazer coisas de arrepiar até os chefões do mundo do crime. Uma mulher grávida capaz de matar alguém a sangue-frio precisa ter nervos de aço. Ela poderia muito bem ter matado Aldo Semerari, e, apesar de ter sido absolvida, na opinião de um dos grupos de juízes que analisou o caso, Pupetta era culpada. A vocação dela para o crime vai muito além da violência. Era ótima em manipular as pessoas, por exemplo. Nesse quesito, ela nunca vacilou.

Em 1982, quando convocou uma coletiva de imprensa, as pessoas acharam que fosse falar de Pasqualino. Estavam enganados; Pupetta subiu no palanque de vestido justo e lenço de oncinha no pescoço e ameaçou de morte Raffaele Cutolo, seu rival. "Já falei pra você deixar a mim e a minha gente em paz. Se não, fique sabendo que vou acabar com a raça da tua família", avisou, emendando: "Não vai sobrar um bebê no berço".

Quando a manipulação era sutil, por outro lado, dava ainda mais medo. Pupetta não dava ponto sem nó, mesmo quando se fazia de coitada. Sua cara de pau era terrível. Justo quando começava a acreditar que ela estava se abrindo mais comigo, descobria que era tudo mentira. Era nessas horas que aquela mulher mais me fascinava — e mais medo me causava.

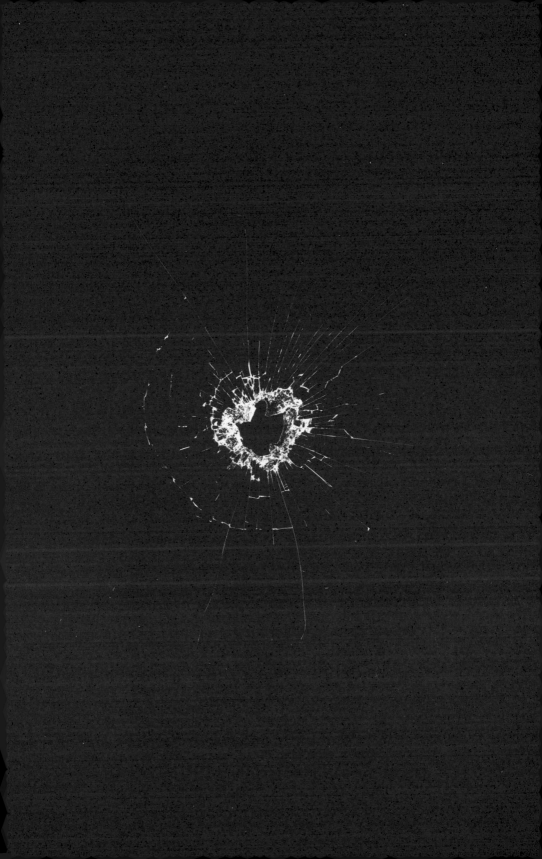

País
Tóxicos

A Poderosa Chefona
E OUTRAS MAFIOSAS

6

> *A polícia proibiu a presença dela no velório do filhinho assassinado, com medo de que desencadeasse uma disputa de território entre gangues.*

Se os filhos deixados por Pupetta nunca tiveram uma figura paterna de verdade, por outro lado, a relação dela com seu pai deixou muitas marcas. Lembrava-se de esconder muamba na casinha de bonecas para o pai, que era metido com contrabando de cigarros. Não era da elite do crime, mas era bastante respeitado dentro da Camorra. "Eu adorava o *papà*", disse. "Ele foi um exemplo de vida para todos nós, mostrou o que importa de verdade e nos ensinou a entender as pessoas."

Na Itália, as filhas têm um laço muito especial com o pai. São tratadas como se fossem princesas e protegidas a todo custo de pretendentes indesejáveis. Isso ocorre também no crime organizado, afinal as famílias mafiosas são reflexo da estrutura familiar existente no conjunto da sociedade italiana. A relação entre mães e seus filhos também é muito cultivada (embora isso, é claro, não seja segredo para ninguém). Um fenômeno muito comum é o dos *mammoni*, "filhinhos da mamãe", homens que chegam aos

30 anos de idade ainda vivendo debaixo da asa da mãe, e só saem de lá sob os cuidados da esposa, sem nunca deixar de ter comida e roupa lavada. Nas famílias de mafiosos, esse comportamento é ainda mais forte.

Roberto, um dos gêmeos que Pupetta teve com Umberto, é um bom exemplo disso. Vivia de bicos, em geral arranjados com ajuda de amigos da família, chegando a ter até uma concessionária de carros em Roma. No entanto não conseguia parar nos empregos, sem dúvida por causa do histórico familiar. É o que acontece quando sua mãe é condenada por homicídio (duas vezes, ainda por cima) e o seu pai é um *pentito* da máfia: você vira chave de cadeia.

Antonella, por sua vez, sua única filha, era fiel escudeira de Pupetta. Às vezes, ia morar com ela por um tempo para levá-la ao médico, fazer compras e, logicamente, protegê-la na velhice — só não se sabe do quê. Tentava faturar com a fama de Pupetta vendendo entrevistas e não a deixava falar com ninguém a menos que ganhasse alguma coisa com isso.

A lealdade entre filhas da máfia é praticamente inabalável, porém também muito fácil de manipular. Um dos maiores exemplos do que uma filha é capaz de fazer para agradar o pai é Jole Figliomeni, do poderoso clã calabrês dos Figliomeni, cujos braços chegam ao Canadá.

Jole é um furacão. Seu extinto perfil nas redes sociais era um mural de selfies e fotos glamorosas em que a loira aparecia de braços dados com homens de óculos escuros ou dentro de algum carrão. Adquiriu seu estilo cosmopolita visitando parentes nos subúrbios ao norte de Toronto. Era lá que dizia ter passado parte dos anos de colégio, embora achar uma ficha de presença com o nome dela seja tarefa impossível. Além de italiano, fala inglês, francês e um pouco de árabe, coisa rara de se ver na provinciana Siderno, uma cidade litorânea no arco da bota da Itália e onde seu pai, Alessandro, foi prefeito associado à máfia por muitos anos.

Em 2010, na mesma época em que Siderno foi considerada a capital do narcoimpério da 'Ndrangheta, Alessandro foi preso e apontado como um dos chefões da organização. Antes da prisão do pai e do colapso da rede dos Figliomeni na região, Jole teve um caso com um homem casado. A esposa traída era irmã do chefe de um clã inimigo que excedia a família de Jole na hierarquia. O tórrido romance foi parar na coluna social como se as famílias fossem celebridades e quase terminou em guerra civil entre os clãs — e por pouco não causou a morte de Jole.[1] Contudo, na época, com a prisão de Alessandro e confirmação de que ele também era um dos principais chefes da 'Ndrangheta, o escândalo perdeu força, já que Jole parecia estar em pé de igualdade com a esposa traída.

Porém, por volta de 2015, ela deu um basta e resolveu ir embora, fingindo desgosto com o pai, a 'Ndrangheta e o ex-amante, para começar uma vida nova na Costa do Marfim. (Curiosamente, o país estava despontando como um dos maiores polos de tráfico de cocaína da 'Ndrangheta.)

A lealdade entre filhas da máfia é praticamente inabalável, porém também muito fácil de manipular.

Foi então que fiz o primeiro contato com Jole pelo Twitter (sua conta não existe mais, pelo menos não com o nome verdadeiro). Parece quase inconcebível que alguém tão carente de atenção de gente que nem conhecia fosse capaz de buscar o mais completo anonimato. Na época, eu pesquisava informantes da máfia e achei que ela também fosse um deles. (Aliás, esse era o foco inicial do livro, até eu descobrir que as mulheres malvadas eram muito mais interessantes que as boazinhas.) Ela foi breve e cordial, respondendo às minhas perguntas pelo Twitter com mensagens curtas entre solicitações para seguir, retuitar ou dar a ela algum destaque.

"Não, não conheço ninguém da Calábria aqui em Abidjã", respondeu uma vez.

"Sim, a presença da 'Ndrangheta por aqui é pura coincidência", concordou.

"Claro, é mais difícil fugir do que você imagina."

Trocamos mensagens relacionadas ao Canadá, a família dela, meus parentes de lá, se alguma de nós se imaginava vivendo naquele lugar gelado depois do calor da Itália. Mas a mulher só queria falar da consultoria que tentava criar no mercado editorial. Estava sempre pedindo contatos e ajuda para fazer seu projeto engrenar. Normalmente, esse tipo de coisa sinaliza que a fonte não está com essa bola toda. Contudo, com Jole, não foi bem assim. Na Costa do Marfim, ela havia conquistado uma enorme base de seguidores nas redes sociais — muito mais do que na Itália. Cheguei à conclusão de que a integrante do clã dos Figliomeni estava tentando se reinventar fora do país. Se resolvessem levantar a ficha dela, a família mafiosa não podia ser a primeira coisa a ser encontrada.

No primeiro ano em que viveu na Costa do Marfim, Jole se dividia entre o movimentado porto de Abidjã e Doropo, uma cidadezinha mais interiorana, já na fronteira com Gana e Burquina Fasso. Em 2013, deu entrevista para o *La Riviera*, jornal de sua terra natal. Até me mandou a matéria, em que constava como "gerente de uma empresa de cibersegurança em Abidjã". O texto dizia que ela estava articulando um vínculo de cidades-irmãs entre Siderno e Doropo.

O *Organized Crime and Corruption Reporting Project* (consórcio de jornalismo investigativo sobre corrupção e crime organizado) também a procurou mais ou menos na mesma época. Em um e-mail, disse que teve de se mudar para um país em desenvolvimento para que as pessoas "dessem valor" aos seus talentos, e "não fizessem julgamento precipitado por causa de assuntos pessoais que diziam respeito ao meu pai".[2]

Na Calábria, por sua vez, as autoridades fechavam o cerco contra Jole, a respeito da qual suspeitavam estar envolvida nas atividades da 'Ndrangheta em Abidjã e em Antuérpia, na Bélgica. A máfia calabresa tinha começado a usar Abidjã como rota para o tráfico da cocaína e heroína procedentes da América do Sul, já que era arriscado enviar direto para a Europa. Na época, Antuérpia estava se tornando a principal porta de entrada de cocaína e heroína na Europa. As autoridades do porto aceitavam suborno para passar os contêineres de carga da América do Sul, de onde partiam, havia muitos anos, as remessas de drogas.

A polícia suspeitava que Jole não tinha cortado laços com a 'Ndrangheta, muito menos virado *pentita*, segundo revelariam grampos divulgados em 2014. Provavelmente estava ajudando agentes da 'Ndrangheta a fazer contatos na Costa do Marfim a pedido do pai, que ela sempre soube ser um barão do tráfico. Em gravação, um chefe do tráfico local elogiava a atuação de Jole na Costa do Marfim. "Não sei o que seria de nós sem ela", dizia a outro homem. "Não falo a língua, não conheço nada, é uma merda. Enfim, eu vim aqui especialmente para falar com ela."

A exaustiva investigação e os grampos também revelaram um interesse bizarro da comunidade criminosa nas desventuras amorosas de Jole. Até no

Canadá, bandidos que recordavam a visita que ela fez ao país na adolescência acompanhavam todos os detalhes daquela novela kardashiana. Discutiam quem era pior, a filha do prefeito mafioso que conheciam de anos atrás ou o chefão cafajeste. Chegaram à conclusão — eles e os tabloides — de que o amante de Jole é que tinha ferido a ética ao desrespeitar a esposa. Com tanta conversa fiada nas gravações, a primeira suspeita foi que a vida particular de Jole estivesse mascarando algo mais. Ou então, que a menção ao caso extraconjugal, na verdade, se referia a negociatas do tráfico ou mortes encomendadas. No final, tudo era só fofoca.

As escutas telefônicas levaram à prisão de 23 pessoas ligadas ao clã dos Figliomeni, inclusive no subúrbio de York, em Toronto. Cinco anos depois, em 2019, as mesmas forças-tarefas, que ganharam um reforço de quinhentos agentes, prenderam mais 28 pessoas em York e Siderno. Em 72 horas de operações, as autoridades canadenses apreenderam milhões de dólares em bens: 1 milhão de dólares em dinheiro vivo e outro em joias extravagantes, 48 restaurantes e cafés, 27 mansões e 23 carros de luxo. Entre os carros havia cinco Ferraris, uma das quais valia 672 mil dólares. Foram encontrados ainda caixas eletrônicos, máquinas caça-níqueis e diversos animais exóticos.

É possível que Jole realmente quisesse sair da sombra da família e tenha sido arrastada de volta para a velha vida de sempre, seja à força ou por não ter escolha. Talvez nunca saibamos. Ela nunca cooperou com a polícia, e não foi por falta de opção. Contudo fica uma pergunta: por que escolheu recomeçar a vida justo na Costa do Marfim (onde a 'Ndrangheta estava se estabelecendo), entre tantos outros países emergentes? É bem provável que a história tenha sido uma grande farsa. Largar tudo depois de uma decepção amorosa parece o disfarce perfeito para erguer do zero o negócio do pai. E bem convincente em um país como a Itália, onde as mulheres são tratadas como sensíveis demais, descontroladas e impulsivas. Jole jamais foi presa e, até o momento, nunca mais se ouviu de seu nome.

Jole, porém, não foi a única cria da máfia a dar demonstração de lealdade ao pai. Totò, la Belva, teve duas filhas que ainda se dedicam a manter a tradição familiar enquanto pairam, como tantos outros italianos, na zona cinzenta entre a liberdade e a condenação.

No verão de 2019, apenas dois anos depois da morte do pai mafioso, Lucia, a caçula, mudou-se para Paris para se "reinventar". Na época, ter filhos dava direito a receber um benefício do governo italiano, que buscava incentivar a natalidade para reverter o encolhimento da população. O benefício de Lucia foi negado.

A justificativa era que, com a péssima reputação do pai, o Estado não podia recompensá-la por ter filhos, apesar de nunca ter sido acusada de crime. Não ser *pentita*, nem parecer incomodada com o reinado de terror e sangue do pai, também não ajudava. Para piorar, lhe foi dada a chance de viver no anonimato em Paris, mas ela preferiu faturar em cima do nome da família. Vendia arte abstrata em um site chamado Lucia Riina Art. Entre as obras, viam-se inúmeros retratos de mulheres branquelas de lábios carnudos e delineador laranja, pintados em tábuas de madeira ou telas, e paisagens cheias de borrões claramente identificadas como a terra natal de Lucia, Corleone, onde o mais mortífero de todos os Riina reinou na ignomínia. A infâmia faria com que muitas filhas escolhessem renegar o nome da família. Contudo Lucia achava o máximo. Ou, no mínimo, soube tirar partido da situação.

Junto do marido, conseguiu um alvará para abrir um sofisticado restaurante italiano, decorado com persianas marrons e janelas fumê. Ficava na chiquíssima 8ª região administrativa de Paris, a poucas quadras da Champs-Élysées. O estabelecimento, que prometia servir pratos típicos da Sicília, foi batizado de Corleone by Lucia Riina.

Lá dentro, as paredes de lambri ostentavam fotos do famigerado pai e o brasão da família Riina, ornamentado com um leão que segurava um coração humano. O nome Corleone, associado à máfia pelo mundo afora graças à trilogia *O Poderoso Chefão*, era uma afronta às centenas de vítimas do regime sangrento do pai de Lucia, o *Capo dei Capi*.

O prefeito de Corleone, Nicolò Nicolosi, também não gostou da ousadia. Em nossa entrevista, lamentou ver o nome da cidade usurpado por Lucia de maneira tão descarada. Disse que, como filha do maior criminoso de Corleone, ela prestava um desserviço à cidade, que lutava constantemente para se dissociar da máfia. "Como é que faz para separar a gente de um monstro desse?", suspirou. "Um restaurante que associa o nome da nossa cidade a Totò Riina vai sujar nossa reputação." Diga-se de passagem, o antecessor de Nicolosi adorava o tratamento que Francis Ford Coppola deu à trilogia de Mario Puzo e, principalmente, o encantamento de Hollywood que elevou a suja cidade montanhosa à infâmia mundial, atraindo multidões de aficionados pela máfia.

Antes da pandemia, milhares de turistas iam a Corleone para visitar o museu da máfia, que exibe balas usadas por assassinos de aluguel, recortes de jornal e fotos de crimes reais publicadas na imprensa. Mais recentemente, passaram a oferecer passeios com guias turísticos, que levam os interessados aos locais onde foram cometidos crimes. Um dos pontos altos do percurso é o antigo esconderijo de Provenzano, agora Laboratorio della Legalità ("laboratório da lei"), com paredes cobertas de pinturas — inclusive abstratas — retratando os massacres da máfia ocorridos entre 1943 e 1997.

Mesmo com a repercussão negativa, o requintado restaurante Corleone, em Paris, continua recebendo avaliações positivas no TripAdvisor. Gostando ou não das referências sutis, a autêntica culinária italiana é um sucesso. Lucia, que fique claro, não dirige o restaurante pessoalmente. Deixa a tarefa para os subordinados e divide o seu tempo entre Paris, Genebra e Corleone.

Maria Concetta Riina, filha mais velha de Totò, la Belva, foi além. Abriu uma loja online com o marido Antonino Ciavarello, em 2017, chamada Zù Totò, que, no dialeto local, significa "Tio Totò". A ideia era aproveitar a fama do pai para vender produtos da marca Zù Totò, como cápsulas de café e chaveiros. Os lucros imediatos seriam revertidos em capital para ampliar os estoques da empresa, já que, como explica o site, "eles [referindo-se ao governo] confiscaram tudo sem nenhuma explicação".

O site fala do brasão da família Riina e tudo que, para eles, esse símbolo representa. "Agradecemos desde já pela confiança", diz uma postagem no site. "O leão está ferido, porém não morreu. Em breve ele irá se reerguer e continuará a lutar como sempre lutou. Sempre."

O site da Zù Totò foi desativado em 2019, depois que Maria Concetta passou a figurar como investigada por transações suspeitas com a Formations House, empresa londrina que se vendia como "incubadora e gestora de novas empresas". Na página, a empresa dizia ter criado "mais de 400 mil empresas, sociedades e fundos" e vendido 25 mil "empresas e sociedades de prateleira" por meio de doze jurisdições fiscais.[3]

As autoridades britânicas não enxergaram assim. Alegaram que a Formations House era uma empresa de fachada usada por criminosos experientes e novatos para lavar dinheiro e sonegar imposto sem terem a identidade revelada. A empresa foi investigada inúmeras vezes, mas conseguiu escapar ilesa graças a algumas brechas legais que podem se fechar no pós-Brexit. Quem tocava sozinha a empresa era Edwina Coales, uma senhora que, na verdade, já tinha morrido fazia algum tempo. Estranhamente, o nome dela constava como CEO de mais de mil empresas de caráter duvidoso, chegando até a assinar contratos (do além, provavelmente). Até 2022, a empresa permanecia ativa, embora vigiada de perto pelas autoridades britânicas, que mandaram tirar dos registros o nome da finada velhinha.

> **Antes da pandemia, milhares de turistas iam a Corleone para visitar o museu da máfia, que exibe balas usadas por assassinos de aluguel, recortes de jornal e fotos de crimes reais publicadas na imprensa [...] passaram a oferecer passeios com guias turísticos, que levam os interessados aos locais onde foram cometidos crimes.**

Ao que tudo indica, Maria Concetta tinha relações com a Formations House pelo menos desde 2007, quando pagou pela abertura de uma firma chamada T&T Corp. Ltd. A companhia foi registrada no nome dela, do marido e de Katia La Placa, filha de outro chefe da Cosa Nostra em Corleone. Oficialmente, era importadora e exportadora de vinho, azeite e café. Porém o que chamou a atenção das autoridades foi uma propaganda de "divórcios-relâmpago em até quarenta dias" — justo na Itália, onde os divórcios se arrastavam por mais de uma década devido à influência da Igreja Católica. A T&T Corp. acabou recebendo uma intimação por prometer papéis de divórcio mesmo que ninguém na empresa fosse apto a advogar. O golpe de misericórdia veio em 2019, quando as autoridades confiscaram 1,7 milhão de dólares em lucros que Concetta tinha acumulado — graças a uma lei que permitia apreender bens dos herdeiros de mafiosos *non pentiti*.

Nem todos os filhos de figurões da máfia conseguem crescer para mamar nas tetas do legado sórdido do pai. Diziam que, no passado, a máfia não encostava a mão nas crianças, mas essa regra tem sido cada vez mais ignorada. Anna Morte pode ter sido só o começo. Em 2018, a siciliana Francesca Castellese recebeu uma indenização do Estado no valor de 2 milhões de dólares pela morte do filho adolescente, Giuseppe di Matteo. A lei italiana prevê reparação financeira às vítimas de danos causados por crimes da máfia, ainda que pese o fato de Francesca ter esperado 21 dias para comunicar o desaparecimento do filho.

O pai, Santino, era subchefe da Cosa Nostra e depôs contra a máfia siciliana, uma traição que seria punida com a morte do garoto.

Em 1993, aos 13 anos, Giuseppe foi sequestrado em um estábulo, quando se preparava para montar seu cavalo predileto. Os homens que o capturaram estavam disfarçados de policiais antimáfia, que haviam lhe assegurado que poderia visitar o pai em prisão preventiva. Em vez disso, torturaram o menino por 779 dias. O plano era forçar Santino a mudar o depoimento com detalhes macabros acerca do assassinato do juiz antimáfia Giovanni Falcone. Fotos do menino em diferentes estágios de tortura chegaram ao avô, que também era da Cosa Nostra. Francesca implorou a Santino que voltasse atrás, mas não adiantou.

Diante da recusa de Santino, Giuseppe foi estrangulado lentamente até a morte, no dia em que faria 15 anos, segundo outro *pentito* que presenciou o assassinato e, posteriormente, descreveu os gritos desesperados do garoto chamando pelo pai enquanto sufocava.

O *pentito* relatou que o corpo de Giuseppe foi dissolvido em ácido. O Estado atribuiu o crime à máfia e inflamou a opinião pública, que considerava se tratar de uma questão interna, já que familiares da própria vítima continuavam no crime organizado. Houve mais revolta quando Castellese foi indenizada com recursos do fundo estatal para vítimas de crimes da máfia, mesmo depois de ter tentado convencer o marido a se retratar em favor da Cosa Nostra. A mãe do menino só se arrependeu anos mais tarde e disse que, mesmo após quinze anos de casamento com um *capo della mafia*, foi um choque saber que ele era da Cosa Nostra. Chamada várias vezes a depor em juízo, a *pentita* sempre se descontrolava e caía no choro, o que tornava seu testemunho imprestável. Além disso, corregedores e procuradores conseguiram poupá-la dos detalhes da morte horrenda do filho — o que lhe deu um ótimo pretexto para não ter que trair a família criminosa.

Outras crianças morreram de formas ainda mais horríveis. Em 2015, em território da 'Ndrangheta na Calábria, Nicola Campolongo, o Cocò, de apenas 3 anos, levou um tiro à queima-roupa na testa junto do avô Giuseppe Iannicelli e sua namorada marroquina de 27 anos.

Os corpos foram encontrados em um Fiat completamente queimado, próximo da violenta Cosenza, depois que Giuseppe expandiu suas operações de narcotráfico para o território de outro clã da 'Ndrangheta e, segundo consta, não quis dividir o lucro das vendas. No capô, uma moeda de 50 centavos sugeria que o ataque era motivado por dívidas, de acordo com o procurador-chefe Franco Giacomantonio.[4] "Em todos esses anos investigando casos de homicídio no crime organizado, nunca vi nada tão horrendo", comentou durante o velório de Cocò, que contou com a presença de autoridades locais e até fala do papa Francisco. "É inimaginável que uma criança seja forçada a pagar pelos crimes dos pais", disse o pontífice.

Cocò morava com o avô porque a mãe, Antonia Iannicelli, de 24 anos, estava cumprindo pena de quatro anos de cadeia por porte e venda de drogas. Circulavam rumores de que tinha conseguido uma pena branda por ter colaborado com as autoridades. Assim, a polícia proibiu a presença dela no velório do filhinho assassinado, com medo de que desencadeasse uma disputa de território entre gangues.

Depois disso, o chefe da polícia nacional da Itália, Alessandro Pansa, assinou um protocolo de emergência em homenagem a Cocò para garantir a proteção de crianças oriundas de famílias mafiosas. "Não podemos esquecer as crianças que crescem em situação de vulnerabilidade, desamparadas pela lei, e podem sofrer ou testemunhar crimes", disse, em entrevista de 2015. "Precisamos garantir que nenhuma outra criança seja morta desse jeito."

Seis meses depois, Domenico Petruzzelli, de 3 anos, foi baleado em um tiroteio na Apúlia, onde os membros remanescentes da decadente máfia da Sacra Corona agarravam-se ao poder.

Estava sentado no colo da mãe, Carla Maria Fornari, de 30 anos, no banco da frente de um carro dirigido pelo namorado dela, Cosimo Orlando, de 44. Os irmãos mais velhos, de 6 e 7 anos de idade, estavam no banco traseiro e se jogaram no assoalho quando o carro ao lado começou a atirar. O autor dos disparos descarregou vinte tiros do banco da frente do outro carro de tão curta distância que, com o ricochetear das balas, parte da tinta do seu próprio carro foi parar na porta do outro motorista.

Fornari, Orlando e o bebê morreram. As outras duas crianças fingiram-se de mortas depois que o carro saiu da pista e bateu em uma árvore. Quando as autoridades se deram conta da situação, as crianças foram abrigadas em uma casa de amparo bem longe da Apúlia. Por serem as únicas sobreviventes, poderiam descrever os atiradores, e, por isso, a vida delas estava ameaçada.

Orlando foi assassinado enquanto estava em livramento condicional, depois de cumprir treze anos de pena pela participação no homicídio de dois jovens na faixa dos 20 anos em uma rixa de drogas. O tiroteio era tido pela polícia como acerto de contas pela morte não vingada dos jovens. Em 2011, o pai do bebê, outro assassino condenado, foi morto a tiros pela máfia. Não sobrou nenhum familiar próximo para velar o pequeno Domenico.

Às vezes é difícil entender por que uma mãe se sujeita a tantos riscos tendo a porta sempre aberta para denunciar e receber proteção. A verdade é que o processo é complicado e não há garantias. A proteção completa só pode ser concedida após a validação das provas. Porém, quando a alternativa é perder uma criança no fogo cruzado de uma vendeta, fica claro que o compromisso e a lealdade exigidos pelos grupos criminosos se sobrepõem aos laços de sangue.

Em 2014, a polícia italiana decidiu sondar os motivos por trás de tamanha lealdade a um pacto tão mortífero. Infiltraram um informante em um rito de iniciação da 'Ndrangheta na cidade de Lecco, no norte da Itália, onde o grupo vem lucrando alto nos últimos anos. Um vídeo[5] chocante mostra o novo "fiel" espremido entre outros homens, no que parece um misto de ritual pagão com iniciação de fraternidade universitária. A linguagem é hermética, mas a mensagem é clara. O iniciado tem que jurar tirar a própria vida caso cometa um erro não intencional que comprometa a organização (quando é intencional, a morte fica a cargo dos comparsas). O método de suicídio mais escolhido é a pílula de cianureto, que sempre deve estar à mão. Se não funcionar, sobra o suicídio por arma de fogo. "Guarde sempre uma bala", diz o homem que preside a iniciação. "A última é sempre para você."

"Cabe à mãe incutir nos filhos o silêncio, os papéis de gênero e o desprezo pelas autoridades públicas. Ao mesmo tempo, ela deve atuar como guardiã da honra, mantendo viva a sede de vingança dos homens ultrajados", escreve a socióloga Rossella Marzullo. Em um artigo acerca dos filhos da 'Ndrangheta, publicado na *Review of Social Studies* (RoSS) em 2016, observou que, na 'Ndrangheta, as crianças são incitadas a vingar a honra dos pais e irmãos mortos pelos grupos criminosos que integram. Tirá-las desse ambiente tóxico tem um custo, já que perdem o afeto e a proteção da família. Na escola, falar de crime organizado não adianta muito, pois são tantas as crianças que nascem no seio da máfia. Os professores podem até trazer alguns conceitos para explicar o que acontece ao redor delas, porém, quando chegam em casa com uma perspectiva diferente da cultura em que estão inseridas, o atrito gerado pode ser nocivo e forçá-las ao abandono escolar. Para os que conseguem concluir os estudos, nem tudo está perdido. Para os que não têm a mesma sorte, só resta mesmo a vida no crime.

Recentemente, tem-se observado na 'Ndrangheta um crescimento extraordinário no número de crianças retiradas das famílias pela Vara da Infância e Juventude de Régio da Calábria. O juiz Roberto Di Bella criou um programa inédito que trata a adesão da criança à 'Ndrangheta como abuso infantil e pode punir os pais com a retirada da guarda — uma guinada na cultura conformista que anula o futuro dessas crianças. O trabalho começou em 2002, quando Di Bella cansou de ver jovens de 11 e 12 anos irem parar no tribunal depois de servirem de olheiros para os pais e irmãos mais velhos. De lá para cá, o projeto já retirou cerca de cinquenta meninos e meninas, com idades entre 12 e 16 anos, de lares mafiosos. Em mais ou menos um quarto desses casos, a mãe escolhe partir com os filhos, embora raramente se tornem delatoras.[6] Em alguns casos, o homem faz a esposa ir junto para garantir a volta dos dois à "família" quando a criança atingir a maioridade.

Apoiando-se em leis[7] baseadas na Convenção Internacional sobre os Direitos da Criança, assinada em 1989, e no artigo 315-b do Código Civil italiano, Di Bella quis assegurar a "educação das crianças em princípios de legalidade, solidariedade, dignidade humana e novas perspectivas". Todavia o verdadeiro objetivo foi romper o perverso ciclo de criminalidade nas famílias da 'Ndrangheta, embora afastar as crianças da família para educá-las possa ser um tiro no pé, segundo mostra uma preocupante tendência.

Em uma entrevista em 2019, apenas seis anos depois de encaminhar as primeiras crianças, Di Bella contou que a nova geração de filhas com alta escolaridade tem decidido retornar para a família e assumir um papel mais ativo no tráfico de drogas, atuando como contadoras ou até negociantes. Educadas no exterior, em geral têm mais domínio das novas tecnologias e mais consciência cultural. Com isso, conseguem ajudar as organizações criminosas a operarem de maneira mais estratégica em escala global. Na máfia, mulheres raramente têm permissão para fazer faculdade. A explicação da procuradora Cerreti é que as famílias temem que as filhas encontrem alguém que as ensine novas ideias ou as faça se dar conta da roubada em que estão, fazendo, assim, com que reneguem o mundo do crime. As crianças que o juiz de Régio da Calábria tem removido com sucesso de lares criminosos, por exemplo, não voltarão atrás. Da mesma forma, alguns desertores que aceitaram colaborar com a promotora acabaram "despertando" e enxergando que os ensinamentos da família estavam errados. Contudo, os filhos criados com rédea curta são menos propensos a irem embora.

Isso explica, em grande parte, por que Pupetta permaneceu ao lado do homem suspeito de matar seu filho mais velho. Por mais fama e influência que tivesse, ela havia sido ensinada a acreditar que não saberia viver sem ele.

"Eu errei bastante quando era nova", disse Pupetta. "Fiquei em relações que não estavam dando certo, não por amor, e sim por necessidade. As mulheres de hoje são mais conscientes. Naquela época, não." Sua avaliação era de que, sem Umberto, teria sido mais difícil criar os gêmeos. Mais do que isso, sonhava fazer parte de uma família e, quando mataram Pascalone, achou que esse sonho tinha morrido. Umberto não era flor que se cheirasse, entretanto, ao lado dele, Pupetta se sentia parte de alguma coisa.

Drogas, Armas & Ácido

A Poderosa Chefona
E OUTRAS MAFIOSAS

7

Debora arriscou. Talvez fosse uma armadilha. Ela rabiscou em um recibo de mercearia que tinha na bolsa e entregou à mulher: "Eu conto tudo em troca da vida dos meus filhos".

Pupetta se esquivou quando perguntei se já tinha usado ácido para dissolver um corpo. "Mas que ideia absurda!", retrucou, como se dar mais de vinte tiros em uma pessoa fosse uma forma mais civilizada de matar. "Ácido é coisa de bárbaro."

Na primeira vez que Pupetta matou alguém, usou um revólver. Na segunda (de que acabou absolvida), cortou a cabeça da vítima. O banho de ácido é um clássico na máfia, porém só se usa em último caso. A morte não é imediata: o ácido vai queimando a pele até consumi-la completamente, o que leva cerca de quinze minutos. Como se pode imaginar, a dor é insuportável. Depois disso, as vísceras e os ossos se dissolvem e desaparecem por completo. O sofrimento só não é maior do que o de passar por esse suplício sob o olhar aterrorizado de algum infeliz que poderá ser dissolvido em seguida.

Ameaças com auxílio visual como essa são bem comuns no crime organizado italiano. Os maiores adeptos dessa forma de terror são os aliados da mais nova quadrilha do país, que levaram o uso letal de ácido a um novo patamar. Apesar do nome, a Mafia Capitale, sediada em Roma, não se enquadra oficialmente na categoria de "máfia". Sendo assim, seus afiliados não podem ser indiciados com base nas leis especiais contra a máfia, dentre as quais o Artigo 41-b (que permite a aplicação de penas mais rigorosas para forçar os réus a delatar).

O grupo é uma aliança de células menores sem estrutura muito definida, sob a liderança de Salvatore Buzzi e de um gângster caolho chamado Massimo Carminati. Em 2014, os dois foram condenados a vinte anos de reclusão por crime de associação mafiosa, extorsão, suborno e fraude licitatória e contábil no escândalo do aparelhamento da prefeitura de Roma. Também foram acusados de receber propinas milionárias para fraudar contratos públicos de coleta de lixo e manutenção de parques, além de centros de acolhimento de refugiados "que dão mais dinheiro que tráfico de drogas", conforme descreveu Buzzi em conversa grampeada. Em 2019, a corte suprema da Itália decidiu que a organização não é mafiosa de fato, apenas um conglomerado de clãs unidos não por ideologia, mas conveniência. As sentenças foram anuladas, e, em 2020, os dois criminosos foram libertos sem dever nada à Justiça. Em outubro do mesmo ano, Buzzi abriu uma lanchonete em Roma. No cardápio temático, inspirado na máfia, encontram-se hambúrgueres batizados de *Gomorra* e *Suburra*, as duas séries de máfia mais assistidas da Netflix na Europa. Em entrevistas antes da inauguração, Buzzi brincou que procuradores pagavam o dobro, juízes pagavam o triplo, e todos os réus condenados com ele tinham desconto.

Os dois clãs mais importantes que operavam sob o guarda-chuva da Mafia Capitale eram a família Casamonica e a família Spada, de Óstia, cidade litorânea no entorno de Roma. Ambas descendiam de famílias de sinti, povos nômades que os italianos ainda hoje conhecem como *zingari* (um termo pejorativo para o igualmente pejorativo "ciganos"). Fizeram fama e fortuna no crime quando Vittorio, patriarca dos Casamonica, chegou à capital da Itália. De acordo com a polícia de Roma, os negócios do clã movimentam quase 108 milhões de dólares por ano.

O último *Capo dei Capi* da Casamonica de que se tem notícia foi Gelsomina Di Silvio, uma mulher de 65 anos. Presa em 2019, testemunhou em um complicado julgamento que foi suspenso e retomado diversas vezes por conta da pandemia de Covid-19. É vista como "intensa" (no mau sentido) e não sente remorso. Costuma prender o cabelo preto e crespo em um coque apertado e lembra Pupetta — como, inevitavelmente, ocorre com toda e qualquer mulher do crime organizado. Em um julgamento recente, interrompeu a audiência várias vezes para dizer que não tinha arrependimentos. Em junho de 2020, foi condenada a dezessete anos de prisão por crime de associação à máfia e, no momento, está recorrendo da sentença.

Muitos pensaram que Gelsomina fosse informante. Porém, em depoimento no primeiro semestre de 2020, negou qualquer colaboração com as autoridades. "Fui acusada na imprensa de ser colaboradora da Justiça e de entregar minha família", disse, dirigindo-se em parte aos familiares. "É sempre a mesma história. Quando foi que eu dei o nome de alguém? Nunca disse uma palavra para ninguém. Jamais fui colaboradora da Justiça."

Os dois clãs mais importantes que operavam sob o guarda-chuva da Mafia Capitale eram a família Casamonica e a família Spada, de Óstia, cidade litorânea no entorno de Roma.

Segunda esposa de Ferruccio Casamonica, figura central da facção romana, tocou os negócios do clã quando o marido foi preso. Tinha fama de aplicar castigos pessoalmente, por isso não faltavam chutes, tapas, socos, facadas e até ataques com ácido.

Como Pupetta, Gelsomina agarra-se à má fama e até tira proveito dela. De dentro da cela, escreveu cartas e mais cartas à imprensa, em que repudiava crimes e vendetas contra a família Casamonica, dizendo-se vítima de racismo por conta da ascendência sinti. Havia a desconfiança de que ela usava essas cartas para transmitir mensagens codificadas ao seu bando, e por isso, em 2021, a polícia pediu à imprensa para não publicar nada que recebia dela, sob pena de ser acusada de estar em conluio com a presidiária para transmitir mensagens entre criminosos. Esse exemplo ilustra bem o fracasso das autoridades em erradicar a corrupção arraigada na Itália. Informantes que serviram marginalmente aos Casamonica, em geral como mulas ou olheiros sem afiliação legítima ou laços de devoção, afirmam que a família e seus aliados provocaram muitas mortes de formas pavorosas. Os crimes não deixavam vestígios porque os corpos eram triturados e usados como ração ou dissolvidos com uso de ácido. Para combatê-los, as autoridades são obrigadas a coibir a imprensa de noticiar o que acontece debaixo do nariz de todos. É um círculo vicioso de causas e consequências complexas e que não vai se quebrar enquanto o mal não for cortado pela raiz.

Em 2018, a polícia finalmente começou a tratar a Mafia Capitale com a devida seriedade e confiscou imóveis de seus membros no centro de Roma, entre eles um chique restaurante de frutos do mar na área turística próxima ao Campo dei Fiori, e uma casa noturna chamada Marilyn, no distrito de Testaccio, a poucos quarteirões da minha casa. Na manhã seguinte, os cafés locais se encheram de gente e cochichos ligados ao confisco da boate e quem estaria ligado ao negócio. A polícia também fechou o salão de beleza Femme Fatale, onde namoradas de bandidos ajudavam a lavar dinheiro, e a academia Vulcano, dirigida pelo ex-lutador de boxe Domenico Spada, elo entre os dois clãs. A academia era frequentada por nada menos que cinco senadores do Movimento 5 Stelle, partido que, na época, integrava o governo italiano.

Debora Cerroni é uma bela italiana de 34 anos. Antes de se casar com um Casamonica, já estava fadada desde nascença à vida no crime. Em 2017, quase morreu em um tanque de ácido derramado por Gelsomina em uma das sinistras galerias subterrâneas do clã. Cerroni foi a primeira mulher da Casamonica a se tornar delatora (também a única, até o momento em que escrevo). Seus depoimentos ricos em detalhes acerca da complicada rede do clã levaram à prisão de dezenas de pessoas e a apreensões milionárias de bens. "A gente era subordinada à Gelsomina. Ela é perversa, autoritária, não dá para explicar. É o diabo em pessoa", contou aos procuradores. "Quer saber de tudo, mandar em tudo, tudo, tudo, tudo! Tem ciúme dos filhos; é o capeta."

Entrevistei-a em um local secreto no final de 2018, pouco antes de ela ser condenada a dois anos de cadeia pelos próprios crimes. Achei-a bastante parecida com Pupetta, uma mulher cujo destino no crime foi traçado menos pela ambição pessoal do que pelas circunstâncias familiares, às quais acabou se acostumando. Quando nos sentamos para a entrevista, que consegui com um advogado dela na época, fiquei pensando se a vida dela teria sido diferente se tivesse casado com alguém do próprio clã, e não com alguém de um grupo ainda emergente.

Assim como Pupetta, Debora era filha de um gângster que gozava de respeito, mas não tanto de poder. Ficou estagnado na hierarquia da Banda della Magliana ("bando da Magliana"), gangue romana de índole mafiosa surgida em 1975. O grupo vivia de sequestros, extorsões e homicídios, e ficou conhecido pelas práticas violentas nos Anos de Chumbo, período sangrento da história italiana marcado pela ação terrorista de grupos políticos extremistas. A Banda, no entanto, não agia necessariamente por motivação política, pois também fazia serviços sujos por encomenda. Ao contrário de Pupetta, Debora queria sair e chegou a colaborar com procuradores, contribuindo para a prisão de dezenas de pessoas.

A Banda della Magliana tinha ligações com as máfias tradicionais da Itália, operando esquemas de contrabando de drogas e armas em Roma e região para a Cosa Nostra, a Camorra e a 'Ndrangheta — muitas vezes, todas ao mesmo tempo —, mas nunca foi reconhecida como afiliada de fato a nenhuma delas.

Filha de um mafioso que se especializara em extorsão, ela alega ter ouvido muitas das histórias horripilantes que o pai contava à sua mãe depois que as crianças iam para a cama. Debora cresceu ouvindo essas histórias e chegou a pensar várias vezes em entregá-lo à polícia, no entanto tinha certeza de que, se o fizesse, seria morta pelos pais.

O grupo criminoso também tinha vínculos conhecidos com uma organização neofascista chamada Nuclei Armata Rivoluzionari (Núcleos Revolucionários Armados), responsável por uma chacina em uma estação de trem de Bolonha que deixou 85 mortos e mais de duzentos feridos. Foi com eles que um chefe da Mafia Capitale, Massimo Carminati, desenvolveu ainda jovem sua aptidão para o crime. Nos anos 1990, ele foi absolvido de ser cúmplice do assassinato do jornalista Carmine Pecorelli, ocorrido em 1979. Ganhou liberdade graças a um acordo com procuradores que acusavam o ex-primeiro-ministro Giulio Andreotti de associação mafiosa. Havia fartos indícios de que o político queria a cabeça do jornalista e tinha laços estreitos com Carminati, entretanto a ação não prosperou. As provas utilizadas no julgamento de Andreotti e do gângster foram obtidas no depoimento de Tommaso Buscetta, delator ligado ao psiquiatra forense corrupto que Pupetta e seu parceiro Umberto foram acusados de decapitar.

Carminati e Andreotti rebateram facilmente as acusações com ajuda de uma promissora advogada chamada Giulia Bongiorno, que se tornaria famosa pela defesa e posterior absolvição da estudante estadunidense Amanda Knox e do então namorado, Raffaele Sollecito, em 2013. Em 1981, Carminati perdeu o olho esquerdo em um tiroteio enquanto fugia pela fronteira com a Suíça. Era alvo de um mandado de prisão nunca cumprido, pois só retornou ao país após o crime prescrever.

Suspeita-se que a Banda também esteve envolvida no sequestro de Emanuela Orlandi, de apenas 15 anos, em 1983. A menina era filha de uma funcionária do Vaticano cujo desaparecimento misterioso foi um prato cheio para teorias da conspiração na Itália. Em uma das histórias, a adolescente teria sido sequestrada e servido de escrava sexual para padres entre as paredes sacrossantas do Vaticano. Especula-se ainda que o grupo tenha tido um papel secundário no atentado do pistoleiro turco Mehmet Ah Agca contra o papa João Paulo II.

Debora nasceu em 1984, com o pai já acossado pelas autoridades. Com os dias contados, a Banda della Magliana ainda cometia crimes aqui e ali para consolidar o legado. Ou seja, a menina cresceu sob a sombra das acusações contra seu pai e comparsas. E foi ensinada não a acreditar que era filha de um homem inocente, mas sim que a atividade criminal do pai tinha bons motivos.

Ela relata que passou a maior parte da infância visitando o pai na cadeia ou acobertando seus esconderijos. "Eu queria fugir daquela criminalidade", conta. "Nem que tivesse que debandar para outra quadrilha." Confessa que nem concebia o que seria levar uma vida normal em uma família de bem e nem se achava digna da chance de descobrir. "Não é possível fugir das próprias origens. Do lado de dentro, a sensação é de que você nunca vai escapar, e quando consegue, você vive com medo de que eles te achem e te matem. De todo jeito, a gente não tem sossego."

Na puberdade, começou a conviver com outras meninas de famílias criminosas que namoravam filhos do que ainda restava da Banda della

Magliana. No fim da adolescência, namorava gente da Casamonica. Apesar de sua familiaridade com o crime, a origem romani era novidade.

Na década de 1990, os Casamonica despontavam em Roma, sob a liderança de Vittorio Casamonica. Ele vinha de Molise, no sul da Itália, onde crescera em uma família sinti, e estava em Roma desde os anos 1960. Os pais fugiram da perseguição aos povos romani na Alemanha nazista durante o chamado "holocausto romani", que custou a vida de meio milhão de pessoas. Como outros povos nômades, a família encontrou refúgio no sul da Itália. Porém, acuados pela pobreza que assolou a região no pós-guerra e não deixava meios de subsistência para a comunidade, os Casamonica acabaram indo para o norte.

Em Roma, Vittorio logo se encontrou. Aprendeu sozinho a ler e se diferenciou de outros romanis que dependiam do crime para ajudar a família. O rapaz queria mais. Entrou para a escola e, em pouco tempo, chefiava um pequeno clã de desajustados sem futuro na sociedade. Para se enturmar, começou a imitar o que os colegas italianos faziam, do penteado ao sotaque nasalizado de Roma.

Logo virou "pupilo" de Enrico De Pedis, o Renatino, mandachuva da Banda della Magliana que tentava reerguer seu império. Vittorio seria útil para o bando pois, além de falar bem o italiano, comunicava-se em dialeto sinti, que poucos entendiam. Renatino só não imaginava que o menino astuto que crescera nos acampamentos embaixo das pontes de Roma pudesse um dia ameaçar seu reinado.

Naquela época, os Casamonica trabalhavam de soldados para quadrilhas maiores. Vittorio cobiçava a chefia, conquista que viria a celebrar, no futuro, cantando "My Way", de Frank Sinatra, em um de seus vários palacetes nos subúrbios de Roma. A cena foi gravada pelos sobrinhos e netos e compartilhada em tão larga escala nas redes sociais que acabou viralizando.[1]

De Pedis foi sepultado na igreja de Santo Apolinário, no centro de Roma, que era administrada pela Opus Dei. Foi lá que a jovem Emanuela Orlandi foi vista pela última vez, depois da aula de música. Em 2012, na busca infrutífera pela menina, abriram o túmulo para ver se os ossos dela estavam enterrados ali. Não estavam, porém encontraram outras ossadas não identificadas ao lado do morto. Vittorio esteve presente no enterro e estava lá quando a Igreja se recusou a colocar os restos mortais de volta no túmulo. Por fim, De Pedis foi cremado e suas cinzas foram jogadas ao mar, perto de Óstia.

Mesmo com a família Casamonica se fortalecendo, era ignorada pelas autoridades. Nem mesmo a polícia antimáfia tinha consciência do perigo que ela representava, até porque ainda via seus integrantes como criminosos comuns e duvidava que ganhariam o respeito de organizações mais estabelecidas. Longe do escrutínio das autoridades, o clã floresceu e roubou a cena. Por sua vez, a Banda della Magliana, com boa parte de seus membros mortos ou apodrecendo na cadeia, definhou até se extinguir na década de 1990. Os Casamonica se casaram com italianos de outras famílias criminosas para diluir o sangue romani e se afastaram dos sinti que ainda viviam como nômades em acampamentos precários em Roma e entorno. Aliás, esses mesmos sinti viraram alvo de Matteo Salvini, ultradireitista que se comprazia em desmantelar seus acampamentos. A família Casamonica, por sua vez, ainda pratica os rituais tradicionais de seu povo, embora em circunstâncias muito mais sofisticadas que seus pares nômades.

Em 2012, na busca infrutífera pela menina, abriram o túmulo para ver se os ossos dela estavam enterrados ali. Não estavam, porém encontraram outras ossadas não identificadas ao lado do morto.

Em 2002, Debora se casou com o sobrinho de Vittorio, Massimiliano Casamonica, em um ritual sinti que os uniu até a morte — o que era vagamente interpretado como direito de matar a esposa caso cometesse algum ato de traição. Tinha apenas 18 anos de idade. Doze anos e três filhos depois, decidiu ir embora. Massimiliano cumpria pena por tráfico quando ela começou a frequentar casas noturnas e restaurantes finos com amigos que nunca entenderam por que ela tinha decidido se meter com o clã dos Casamonica.

Na cadeia, chegou aos ouvidos do marido que a esposa andava muito solta e estava saindo do controle da família. Gelsomina mobilizou, então, as cunhadas de Debora, Liliana e Antonietta, que a sequestraram e esconderam em uma das luxuosas mansões da família em Roma por quarenta dias, sob ameaça de dissolvê-la em um tanque de ácido que guardavam em uma sala secreta do porão.

Debora foi solta com uma condição: se manter leal à família Casamonica. Quando tentou contactar parentes e velhos amigos outra vez, as cunhadas a levaram de volta ao porão e a forçaram a mergulhar o cabelo no ácido, que chiou em contato com os fios. O cheiro, disse, a fez lembrar do fedor de carne queimada que, anos antes, sentiu emanar do porão. Até então, não tinha se dado conta de onde vinha aquele estranho odor. O tanque, segundo declarou, desaguava na mesma tubulação que os ralos e sanitários da casa, despejando matéria orgânica das vítimas do clã no antigo sistema de esgoto de Roma.

Por fim, acabou conseguindo convencer as cunhadas de que acataria o marido e pôde deixar o cativeiro. Na primeira oportunidade, porém, fugiu e pediu divórcio. Chegou a preencher um boletim de ocorrência, entretanto, temendo represálias aos filhos, que ainda estavam em poder do clã, ela se recusou a assinar. Pouco tempo depois, foi encontrada pelo clã no esconderijo arranjado pelo advogado e arrastada novamente para o QG da quadrilha em Roma. Ali, diz ter sido mais uma vez espancada e torturada pelas irmãs sinti. Só pouparam sua vida porque Massimiliano queria desferir, ele próprio, o golpe final pela traição, quando saísse da cadeia. Ameaçaram matar as crianças caso tentasse escapar mais uma vez. Debora não tentou nova fuga.

Em 2016, aos 65 anos, o chefão Vittorio morreu de câncer. Debora foi ao velório. O cortejo fúnebre pelo centro de Roma teve carruagem dourada com seis cavalos negros e helicóptero com pétalas de rosa. À medida que a procissão avançava pelas ruas da capital, a polícia interditava o tráfego para dar passagem.

Um trompetista solitário interpretava "Speak Softly, Love", de Nino Rota, tema de *O Poderoso Chefão*, enquanto o caixão de Vittorio adentrava a Basílica San Giovanni Bosco. Rosas brancas decoravam o pórtico e cartazes enormes colados nas paredes da igreja mostravam a sua imagem iluminada por uma auréola. "Você conquistou Roma, e agora conquista o céu", dizia um deles. "Vittorio Casamonica, Rei de Roma", dizia outro. Quando o caixão, Debora e os familiares mais próximos estavam dentro da igreja, os alto-falantes estrepitaram com o tema de *2001: Uma Odisseia no Espaço*, de Stanley Kubrick, sem motivo aparente, exceto fechar com chave de ouro aquele espetáculo surreal. Centenas de pessoas compareceram ao velório, inclusive sinti nômades que circundaram a igreja e lamentaram a morte prematura do filho de que tanto se orgulhavam.

O funeral de Vittorio foi uma ostentação de poder do clã e um vexame para as lideranças da cidade, que estavam curtindo férias de verão na praia. Reuniões foram convocadas e perguntas lançadas conforme o evento ganhava os noticiários. Quem autorizou a família de bandidos a sobrevoar a cidade de helicóptero, se o espaço aéreo de Roma era restrito? Quem autorizou a polícia a fechar o trânsito e fazer a segurança do evento? Ninguém sabia. O padre que celebrou a missa disse que os Casamonica eram grandes benfeitores da comunidade. Em entrevista, contou-me que havia batizado e casado centenas de membros do clã naquela enorme igreja, isenta de impostos, claro, graças à enorme influência política do Vaticano.

Autoridades antimáfia ficaram constrangidas e estarrecidas com o clima de honras do Estado que, no coração de Roma, cercava o velório de uma notória família do crime. Justificaram o descuido vergonhoso alegando que a família Casamonica não tinha aquela importância e centralidade toda no crime organizado. Porém, no fundo, receavam que tivessem dado espaço demais para uma das mais poderosas famílias de criminosos do país. Além disso, apesar da vigilância moderada que mantinham sobre o clã, esbarraram em obstáculos que os colocavam em desvantagem, como não dispor de tradutor do dialeto sinti.

No velório, uma mulher aproximou-se de Debora e cochichou que era uma policial disfarçada de namorada de um dos primos do clã. Disse saber o que lhe haviam feito, pois ela própria foi ameaçada de receber tratamento semelhante, o que interpretou como um alerta de que "gente de fora" seria tratada com rédea curta e sob pena de acabar como Debora. Falou ainda que tinha conhecimento do boletim de ocorrência não concretizado e, embora não estivesse diretamente ligada ao caso, prometeu fazer o possível para ajudá-la.

Talvez fosse uma armadilha, até porque a própria mulher admitiu estar comprometida com um Casamonica. Debora arriscou. Ela rabiscou um bilhete em um recibo de mercearia que tinha na bolsa e entregou à mulher: "Eu conto tudo em troca da vida dos meus filhos", dizia o papel. Aquela aposta arriscada mudou para sempre o destino da família Casamonica.

Poucas semanas depois, a futura delatora conseguiu fugir com ajuda da agente à paisana, que arranjou outro agente disfarçado de motorista particular, um dos vários que a levavam para as visitas semanais ao marido no presídio. As ameaças de morte continuaram, mesmo depois de ela ter, aparentemente, desistido de deixá-lo. Debora sabia que ainda a aguardavam surras cruéis pela traição, e as visitas conjugais eram uma mistura destrutiva de amor e ódio.

Quando estava junto dos filhos e sob proteção policial, ela contou tudo que sabia aos investigadores, dando endereços, nomes e pontos de encontro secretos onde o clã se reunia. Falou do tanque de ácido e todas as pessoas levadas para o porão que nunca mais voltaram.

No esconderijo, escreveu uma longa carta a seus salvadores. Traduzo aqui um trecho retirado dos autos:

> Sempre vou lutar pelos meus filhos, pois quero um futuro para eles. Infelizmente, a vida me trouxe essa doença, e talvez eu nunca me cure dela. Minha vida era cerceada, mas vocês devolveram meus filhos e prenderam aqueles animais ignorantes, que não sabem o que é respeito e não respeitam ninguém (me pergunto como pude querer ser um deles). Por isso, serei grata a vocês pelo resto da minha vida. Se precisarem, posso tentar traduzir ou ensinar a língua deles. Depois que checarem tudo o que eu disse e ainda vou dizer quando vierem aqui, também posso testemunhar contra eles [...] mesmo correndo maior risco de vida [...] Tenho como contar essas coisas por ter vivido e convivido com eles todo esse tempo. Agora, preciso recuperar minha dignidade como mãe (a mãe que eu quero ser para os meus filhos) e mulher, e ser uma pessoa de bem, como acho que sou. Meus filhos vão ter que seguir outros exemplos.

Diante do júri, em Bolonha, Debora contou como funcionava a organização por dentro. As ligações com a cúpula do crime na Itália eram muito maiores do que se sabia até então.

Explicou que as mulheres do clã faziam tudo. Eram elas que tomavam as decisões e pagavam as contas com dinheiro que escondiam pela casa. A família gastava milhares de euros com cirurgia plástica para mudar o rosto de integrantes foragidos da Justiça ou de mulheres cujos maridos as queriam sempre jovens. Cabia a elas contratar advogados experientes para causas menores que poderiam levar a descobertas inoportunas.

Além disso, encomendavam crimes, escondiam drogas ilícitas e davam as cartas nas operações financeiras, decidindo quem podia pegar empréstimo e a que juros, que em alguns casos chegava à casa dos 1000%. Também eram encarregadas de supervisionar os seguranças que faziam artes marciais nas academias particulares das mansões, e de decidir quanto à distribuição de armas, embora o clã preferisse causar dano corporal com punhos e porretes, pois armas de fogo eram fáceis de rastrear na Itália. Apesar de também ter sido capacitada na gestão dessas atividades criminosas, Debora disse à polícia que jamais estaria à altura da função, apesar de ter crescido vendo a mãe realizar trabalho similar para o pai mafioso.

Graças ao bilhete furtivo e ao seu depoimento, outras duas mulheres, que não eram sinti mas estavam casadas com membros da família, conseguiram fugir. As autoridades demoraram dois anos para concluir as investigações e corroborar o depoimento de Debora. Finalmente, no verão de 2018, prenderam vários membros do clã. Naquele meio-tempo, ela permaneceu escondida, renegada pela própria família por causa da traição aos aliados.

A operação terminou com 31 prisões e três foragidos. A polícia confiscou o salão de beleza indicado por Debora, onde mulheres tramavam esquemas enquanto faziam o pé ou retocavam a raiz do cabelo, sem ninguém para amolar. Ela também forneceu o endereço da academia frequentada por políticos da região, onde os homens do clã treinavam artes marciais. A polícia fechou restaurantes em Parioli, distrito nobre de Roma, e perto do Panteão, além de uma casa noturna no badalado bairro boêmio de Testaccio, que era usada para lavagem de dinheiro.

O mais surpreendente, contudo, foi o que descobriram nas luxuosas mansões dos Casamonica, mantidas na periferia de Roma para sustentar a imagem de *zingari* nômades. Os agentes confiscaram carros de luxo, centenas de relógios Rolex caríssimos, joias, milhares de euros em dinheiro, além de armas, quilos e mais quilos de cocaína e documentos com detalhes dos negócios escondidos na espalhafatosa mobília de inspiração barroca. Os tetos dos banheiros eram dourados ou espelhados, e todas as casas eram repletas de estátuas de tigres de porcelana, que escondiam cofres com chaves de imóveis secretos, a grande maioria deles estocada com joias e dinheiro para o caso de alguém precisar fugir rápido. Todas as residências contavam com sistemas de segurança para controlar quem entrava e saía e monitorar o trânsito na vizinhança. Quando este livro foi escrito, a polícia ainda tentava rastrear bens ligados ao clã e estimar seu verdadeiro alcance.

Debora também denunciou um esquema de agiotagem comandado de Óstia, cidade balneária onde reinava a poderosa família Spada. No salão de beleza onde as mulheres da Casamonica se encontravam, a polícia achou registros contábeis escritos à mão que mostravam empréstimos de 10 mil euros que, repentinamente, chegavam a 600 mil euros e eram pagos com dinheiro, joias, drogas e sangue.

Em 2017, um Spada aliado dos Casamonica espancou ao vivo um repórter de televisão que apurava supostas ligações entre a Mafia Capitale, os Casamonica e as principais organizações criminosas da Itália. O episódio gerou uma onda de denúncias de jornalistas que também foram ameaçados e agredidos enquanto tentavam investigar essas conexões, cuja existência os Casamonica insistiam em negar. Posteriormente, documentos divulgados pela Justiça revelaram porretes que a família reservava para bater em jornalistas específicos. A polícia, que vinha trabalhando com a hipótese de que a família Spada, de Óstia, colaborava apenas com a Mafia Capitale, descobriu que o clã dos Casamonica era o elo entre os grupos.

O espancamento do repórter na frente das câmeras ilustra o lado mais violento dos Casamonica, que, segundo ressaltaria Debora, não fugia ao normal. Em seu depoimento, ela fez descrições pormenorizadas de cenas que presenciou nas casas da família, inclusive de pessoas sendo espancadas até a morte diante de crianças pequenas que aplaudiam e vaiavam como faziam os césares no Coliseu durante as lutas de gladiadores.

Em julho, após as primeiras prisões, a polícia enfim reconheceu publicamente o poder do clã. "A família Casamonica levou as coisas a novos patamares", dizia um comunicado da polícia. "Cultivando laços estreitos com a 'Ndrangheta, da Calábria, e a Camorra, da Campânia, chega a movimentar cerca de 40 milhões de euros por ano."

Debora hoje vive no exterior com os filhos, todos com novas identidades. Porém continua convicta de que, um dia, será descoberta e arrastada de volta ao porão. Pupetta concordava. Quando contei o que sabia a respeito dessa mulher e lhe pedi uma opinião, ouvi da Madame Camorra: "Ela está condenada. Não se sai de um grupo desses com vida, e, às vezes, é melhor nem tentar."

Pupetta não entendia por que Debora abriu mão do conforto e fez tanta questão de sair. "Há muitas maneiras de conseguir poder nesse tipo de organização", disse. "Ela jogou fora a chance de ser alguém."

A fama de Pupetta foi o que a confortou na velhice. Quando morreu, foi exaltada como uma das mafiosas mais importantes da Itália. Seus crimes e contravenções viraram lenda e inspiraram outras mulheres a seguirem seus passos. Quando lhe perguntei qual era o legado que pretendia deixar, limitou-se a dizer: "Que eu lutei por justiça".

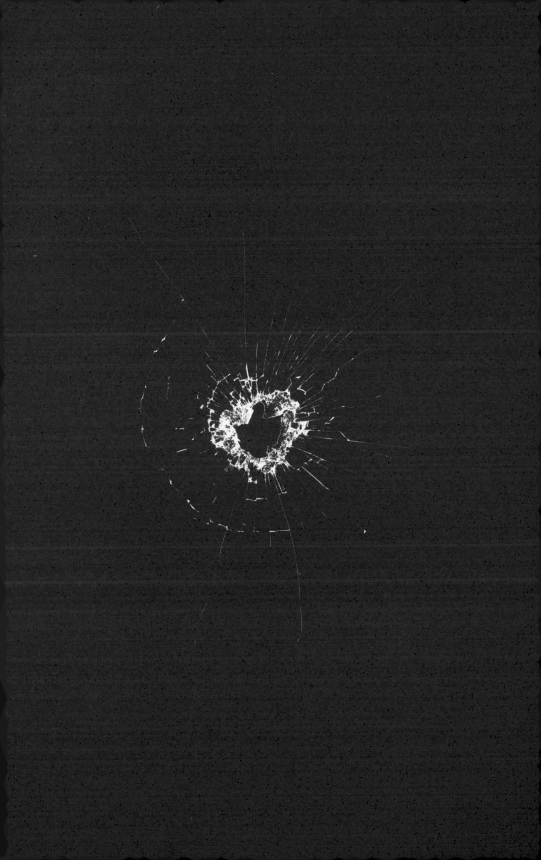

O Pecado da Confissão

A Poderosa Chefona
E OUTRAS MAFIOSAS

8

Rita passou a infância enfiando heroína em frascos de xampu e escondendo cocaína nas laterais dos carros por ordem da mãe.

Embora o real grau de envolvimento das mulheres nas organizações mafiosas seja objeto de debate, é indiscutível a capacidade delas de persuadir os entes queridos a não se tornarem desertores e quebrarem a *omertà*.

Pupetta nunca perdoou Umberto por trair sua confiança depois de ser preso em 1993, durante uma operação policial no Peru. Na ocasião, ele prontamente confessou os crimes e se tornou *pentito*, juntando-se assim ao odiado grupo dos informantes, tal como seu ex-sócio, Tommaso Buscetta, que, de certa forma, quebrou as pernas da Cosa Nostra siciliana ao revelar seus segredos. Em uma carta a um chefe da máfia em 2019, culpou os *pentiti* por arruiná-la, dando a entender que ainda tinha ligações com o mundo do crime. Do contrário, que impacto a confissão de um delator teria sobre ela? Em 2021, durante investigações sobre um esquema de lavagem de dinheiro operado pela Camorra, foi revelado que ela recebeu grandes somas de dinheiro por serviços indeterminados. A essa altura, Antonella, sua filha, havia deixado mais que claro que eu não poderia entrar em contato com a mãe.

Que Pupetta ainda fizesse parte do submundo do crime quando a visitei antes da pandemia, e negasse esse fato, reforçava meu pensamento a seu respeito e de outras tantas mulheres deste livro: que estão além de qualquer chance de reabilitação, seja em razão de não possuírem meios de se desvencilhar do mundo do crime, ou simplesmente por não quererem deixar essa vida.

Essa suspeita se provou correta quando ela veio a óbito e a polícia local proibiu um funeral público. É comum que as autoridades proíbam homenagens póstumas a homens mafiosos, mas Pupetta foi a primeira mulher da máfia a receber essa dúbia distinção. Antes dela, nenhuma outra esposa, mãe ou filha de mafioso foi considerada tão implicada no crime organizado a ponto de ter o funeral cancelado.

Quando Umberto se tornou testemunha de acusação, a Camorra logo assassinou Antonio, o irmão dele, e é provável que Pupetta e os gêmeos tivessem o mesmo destino se ela já não tivesse rompido publicamente os laços com o marido.

O depoimento de Umberto levou a quarenta prisões em Nápoles e arredores. É possível que ainda esteja vivo sob a tutela do programa de proteção a testemunhas — o que significa que pode estar em qualquer lugar do mundo. Ele controlava a rota de cocaína da Camorra na América do Sul e tinha poucos laços diretos com os clãs coesos de Nápoles, o que tornou sua passagem de criminoso a *pentito* consideravelmente mais fácil, já que não mantinha um contato diário com o clã; do contrário, os membros poderiam perceber que estava sendo pressionado e ameaçá-lo para não colaborar com as autoridades.

Pupetta jurou nunca ter tentado entrar em contato com Umberto depois de ser abandonada para cumprir sozinha a pena pelo assassinato do dr. Semerari. Contudo, registros policiais mostram o contrário, expondo as várias ocasiões em que o procurou, por diversos meios, quando se espalhou a notícia de que ele tinha se virado contra o clã. Ela nunca pediu para se juntar a ele ou ser protegida. Queria só se assegurar de que ele sabia bem o que estava fazendo e se considerava as muitas vidas que destruiria com seu testemunho.

Durante inúmeras entrevistas como pós-*pentito*, Umberto admitiu ter assassinado e decapitado Semerari. Na entrevista mais recente, concedida ao *La Repubblica* em 2017,[1] foi questionado se cometeu pessoalmente o assassinato, ao que respondeu: "Cortei a cabeça dele". O entrevistador perguntou por quê. Aparentemente sem se dar conta da ironia, Umberto declarou: "Ele era um traidor, e quem faz acordo e não cumpre é traidor. Estamos falando da esfera criminosa, certo?"

Em uma reviravolta interessante, ele disse aos investigadores que Pupetta não teve nada a ver com a morte de Semerari, embora fosse impossível saber se dizia a verdade ou tentava limpar o nome dela como forma de pedir perdão. Na entrevista de 2017, ao ser perguntado a respeito do que deu errado entre eles, Umberto contou uma história muito diferente da dela. "Eu passava muito tempo fora de casa", disse. "Acabei indo para a América do Sul, e lá conheci outra mulher com quem tive três filhos."

> **"Cortei a cabeça dele [...] Ele era um traidor, e quem faz acordo e não cumpre é traidor. Estamos falando da esfera criminosa, certo?"**

Pupetta, que ficava visivelmente perturbada com qualquer menção a essa entrevista e à postura displicente de Umberto em relação a ter filhos com outra pessoa, disse não existir "pior escória" que os desertores. Estaria escondendo a dor pessoal atrás das traições menos pessoais? Sempre achei difícil entender se ela possuía mais ódio do marido por depor contra o grupo criminoso junto ao qual foram tão prósperos — ou por matar o filho dela e trai-la com outra mulher. Conforme a conhecia melhor, tendia a pensar que estava realmente mais zangada com a traição criminosa do que com a pessoal, tendo aprendido, desde cedo, a não se apegar às emoções. "Em qualquer área da vida, a traição é imperdoável", falou. "Em vez de acabar com a vida de tanta gente confessando, era melhor que tivesse se matado."

Durante minhas conversas com Pupetta, perguntei das vidas que a Camorra arruinou, os muitos assassinatos e destruição de meios de subsistência que o empreendimento criminoso realiza até hoje. Porém, como todo fiel integrante da máfia, ela não enxergava a ironia de sua raiva dos delatores por arruinar o sustento da Camorra. Acreditava na honradez de suas ações e tachava de "equivocado" qualquer julgamento ao seu estilo de vida, apesar dos milhares de membros do crime organizado que apodrecem na prisão e das outras milhares de vítimas enterradas em jazigos familiares ou desaparecidas para sempre porque foram literalmente despejadas pelo ralo junto ao ácido no qual derreteram.

Muitos especialistas em máfia reiteram o desdém de Pupetta pelos *pentiti*, no entanto ninguém demonstrava mais desprezo do que Giuseppina Spadaro, a "Giusy", e Angela Marino, as respectivas esposas do chefe da Cosa Nostra, Pasquale Di Filippo, e seu irmão Emanuele. Em 1995, juntos, tornaram-se testemunhas de acusação contra a máfia siciliana. Os irmãos foram presos e acusados de assassinato, entre outros muitos crimes que os teriam facilmente levado à prisão pelo resto de suas vidas. Giusy e Angela também chegaram a ser interrogadas como possíveis cúmplices, contudo o interrogatório não passou de uma formalidade.

Durante uma das oitivas, um detetive disse a Giusy que seu marido havia decidido quebrar a *omertà* e cooperar com a polícia. Diante da oferta de proteção e da oportunidade de se juntar a ele sob uma nova identidade, em outro país, Giusy preferiu ligar para a agência de notícias italiana ANSA. Em uma entrevista contundente, referiu-se a Pasquale como seu "ex-marido" e disse que ele e o irmão eram repugnantes. "Nós os renegamos", declarou. "Melhor ter homens mortos que *pentiti*. Para nós, esses canalhas não existem mais."

A mãe dos irmãos Di Filippo, Marianna Bruno, também renegou publicamente os filhos, assim como sua irmã Agata, que os chamou, em outras entrevistas, de "sujeitinhos vis que só causam tragédia".[2] As mulheres realizaram então uma espécie de ritual de luto. Fecharam-se atrás das pesadas cortinas da casa da família em Corleone e vestiam preto quando saíam, só para ir à missa, agindo como se os homens tivessem morrido, e não feito o que, para muitos, era simplesmente o certo. Para Agata, cuja identidade era indissociável de seu papel como integrante de uma família criminosa bem-sucedida, a mágoa foi tão profunda que a levou a tentar o suicídio. No fim, porém, Giusy colaborou com a Justiça e hoje vive protegida.

Um dos *pentiti* mais prolíficos da Sicília foi Giuseppe Laudani que, aos 17 anos, estava destinado a assumir um *cosche* ("clã") da Cosa Nostra, após o brutal homicídio do pai no final de 2015. Seu pai foi assassinado por rivais dentro da Cosa Nostra e seu corpo foi dado a cães de rua; o DNA dos ossos carcomidos foi usado para identificar os restos mortais após meses do desaparecimento. Entretanto, em vez de aproveitar o vácuo de poder deixado pelo pai ou buscar vingança pela morte dele, o jovem órfão foi à polícia para depor contra as três mulheres que o criaram: Maria Scuderi, 51, Concetta Scalisi, 60, e Paola Torrisi, 52, que, segundo ele, eram as verdadeiras cabeças por trás da mortífera e brutal gangue Laudani. Concetta, sua tia, ganhou a liderança no início dos anos 2000, depois de o pai de Giuseppe salvá-la por um triz da bala de um pistoleiro. Ela e as outras mulheres — todas com pedigree mafioso — receberam de seu pai a dádiva de criarem-no. As três "rainhas de Caltagirone" eram chamadas de *mussi di ficurinia*, ou as damas dos "lábios de figo-da-índia", que parecia aludir tanto às suas personalidades como a seus pelos faciais.

O depoimento de Laudani levou a polícia a deflagrar, em fevereiro de 2016, uma grande operação no porto siciliano de Catânia, quando quinhentos agentes fortemente armados cumpriram mandados de prisão contra 109 pessoas, inclusive as três rainhas de Caltagirone, que dirigiam o clã Laudani para o pai de Giuseppe e foram presas por associação mafiosa, extorsão, tráfico de drogas e posse ilegal de armas. Das 109 pessoas visadas pelos mandados, oitenta foram capturadas e 23 já cumpriam pena. Até o momento em que escrevo, as seis restantes ainda estavam foragidas.

As informações prestadas pelo adolescente levaram à descoberta de uma aliança emergente entre as facções da Cosa Nostra, perto de Catânia, e os contrabandistas de cocaína da 'Ndrangheta, do outro lado do Estreito de Messina. Laudani também contou aos investigadores como o grupo comandado pelas ex-tutoras adquiriu dois lança-foguetes para complementar seu considerável estoque secreto de armas destinadas a matar corregedores antimáfia. O depoimento do rapaz foi corroborado por outro informante, e as bazucas foram encontradas em uma garagem nas encostas do Etna, vulcão de erupções frequentes. Não muito longe da cratera mais ativa do vulcão, a polícia encontrou um esconderijo de armas e munições que poderia desencadear uma enorme explosão em contato com a lava derramada.

O jovem também depôs contra o irmão Pippo, o meio-irmão Alberto Caruso e o avô Sebastiano, de 90 anos. As declarações à Justiça resultaram em uma expressiva quantidade de material apreendido e renderam dividendos em informações. Laudani forneceu detalhes convincentes relacionados ao estilo das três mulheres exercerem o poder, com punições e vinganças muito mais sinistras que as de vários membros do grupo que tinham mais poder e influência. O trio se referia ao jovem Laudani como "príncipe" e futuro rei, porém o educavam com um amor severo que contemplava tortura e beirava a agressão sexual.

Laudani fez acusações particularmente duras ao patriarca da família, seu avô Sebastiano, pois, segundo revelou aos investigadores, este "queria matar todos os inimigos da família" e "sempre comandou tudo da prisão", de onde enviava mensagens a subalternos e soldados por meio do advogado.

Atualmente, Giuseppe Laudani vive amparado pelo programa de proteção a testemunhas da Itália, sob nova identidade.

O ódio aos *pentiti* pode parecer contraditório à primeira vista. Dentro da máfia, as mulheres costumam ser descritas como profundamente leais aos maridos, pais e irmãos. Cabe a elas cumprirem ordens e serem submissas, a menos que autorizadas a fazerem mais. Se é mesmo assim, seria de se esperar que acompanhassem automaticamente os maridos isolados sob a proteção do Estado.[3] Todavia o fato de ficarem tão injuriadas com os delatores — de quem invariavelmente ouvimos ser proibida a adesão oficial de mulheres à máfia — sugere que são mais do que meras líderes de torcida à margem do jogo do crime.

Ter o marido do lado da lei também priva essas mulheres do prestígio e proteção que desfrutavam anteriormente em suas comunidades de origem. Quando um mafioso é morto ou preso, sua esposa conserva certos direitos e privilégios, além de ficar sob os cuidados da organização. Se os maridos ou filhos se tornam delatores, as mulheres se veem forçadas a deixar o grupo — ainda que tenham sido vitais para sua expansão, como muitas vezes é o caso.

Mais ao sul, nos confins da Calábria, que fica na pontinha da península e é considerada uma das regiões mais bonitas da Itália, a influência das mulheres da 'Ndrangheta é objeto de intenso debate. A lenda local, de tradição conservadora, sugere que os homens sequer permitem que as mulheres ou amantes fiquem por cima durante o sexo por causa de uma presumida alusão à dominância feminina. No entanto, todas as delatoras, promotoras ou estudiosas da máfia que questionei me disseram que aquela história de posições sexuais era uma crença ridícula que pouco tinha de verdade. Contudo, nesta parte da Itália, as taxas de violência doméstica estão entre as mais altas do país, e o estupro costuma ser usado como arma entre famílias em conflito. Estuprar a filha de um rival para puni-lo implica que ela nunca poderá se casar com homens de posição mais elevada na sociedade criminosa.

Há menos desertores na 'Ndrangheta do que na Camorra napolitana ou na Cosa Nostra siciliana, fato que se deve, em parte, ao sistema jurídico comprovadamente corrupto da Calábria, que viu sua parcela de policiais serem julgados por conluio com a máfia. Os juízes tendem a não ficar muito tempo nos tribunais locais por causa das ameaças de morte. O clima hostil dificulta ganhar a confiança dos agentes do crime e convencê-los a colaborar.

Laços de sangue também são duros de quebrar no extremo sul do país, área há muito esquecida por programas sociais nacionais, e onde a pobreza desenfreada deixou muitos italianos sem escolha a não ser aderir ao grupo dos criminosos endinheirados. Este fenômeno é preponderante na Calábria, cujo grosso da população feminina cumpre funções sociais de menor prestígio. Nas famílias de raiz mais conservadora, filhas, mães e irmãs vivem tão imersas nos negócios dos filhos, pais e irmãos, que é pouco provável não terem papel crítico neles. Dadas as escassas oportunidades fora dessas famílias criminosas, o envolvimento direto é praticamente obrigatório.

Um exemplo ilustrativo é o de Maria Serraino, integrante de uma das famílias mais bem-sucedidas da 'Ndrangheta.[4] Ela liderou o contrabando de cigarros em Milão, onde o grupo controlava o entorno da Piazza Prealpi, área assolada pelo crime, depois de deixarem Régio da Calábria, no sul, durante a década de 1960. A portas fechadas, ela era a típica matrona italiana, só que do crime. Criou os filhos para serem habilidosos ladrões de carro e barões internacionais do tráfico, tarefa mais fácil no norte rico da Itália. Fora de casa, era a chefe do clã. Cuidava dos assuntos da *ndrina* com a perspicácia e apurada destreza de uma veterana no crime.

Por fim, a própria filha, Rita, mencionada anteriormente neste livro, voltou-se contra a mãe depois de ser presa com as mil doses de ecstasy que foi forçada pela família a contrabandear. Rita passou a infância enfiando heroína em frascos de xampu e escondendo cocaína nas laterais dos carros por ordem da mãe. Contou tudo que sabia à polícia, inclusive que a mãe era a verdadeira chefe do clã, e não o irmão Emilio, como todos achavam. Emilio morava na Espanha para administrar corredores de tráfico que iam do Marrocos à Inglaterra e da Colômbia a Milão.

"O crime tá no sangue dela, corre nas veias", disse Rita à polícia, de acordo com as transcrições nos autos. "Era minha mãe que mandava. Se ela decidisse que um serviço não devia ser feito, ninguém contrariava."

Em entrevista a Ombretta Ingrasci, especialista em máfia, ela falou do "poder oculto, mas substancial, das mulheres na Calábria" e descreveu uma de suas tias como um "general de saia". Era tão má quanto a mãe, afirmou, e "capaz de matar com as próprias mãos".[5]

> **Rita passou a infância enfiando heroína em frascos de xampu e escondendo cocaína nas laterais dos carros por ordem da mãe. Contou tudo que sabia à polícia, inclusive que a mãe era a verdadeira chefe do clã, e não o irmão Emilio, como todos achavam.**

Rita revelou que o grupo tratava a mãe por apelidos como *Nonna Eroina* ("vovó da heroína") e *la Signora* ("a dama"). O marido de outra filha, também desertor, afirmou em depoimento que Maria comandava o tráfico com mão de ferro, e chegou a ordenar o assassinato de um contrabandista importante que tentava montar um negócio próprio para comercializar drogas. Enquanto analisava a influência da Nonna Eroina no submundo do crime, Ingrasci revelou transcrições de diversos telefonemas interceptados. Em um deles, a matriarca avisa ao filho Antonio que pode até matar o irmão dele e pretenso chefe, Emilio, caso não lhe traga mais dinheiro do Marrocos. "Não brinca comigo, porra. Se eu tirar o Emilio, ele tá morto para mim, porque eu já tô puta", disse, deixando implícito que, caso saísse da linha, sacrificaria sua própria cria.

A Nonna Eroina também comandava um comércio ilegal de armas. Adquiria armamento de policiais facilmente corruptíveis e os repassava a seus traficantes, muitas vezes pessoalmente. Maria foi condenada à prisão perpétua por assassinato e associação mafiosa e morreu na prisão em 2017.

Deixar a família criminosa não é fácil. Nem toda filha de mafioso que tenta consegue. Muito menos com o êxito de Rita, que pôde enterrar o passado após colaborar com a polícia. Em 2012, a revista italiana *L'Espresso*,[6] de circulação semanal, publicou uma reportagem aterradora descrevendo o território da 'Ndrangheta próximo ao infame porto de Gioia Tauro. Pelo enorme porto, que fica nas proximidades de Régio da Calábria, na costa do Tirreno, passa tudo, de drogas a antiguidades roubadas[7]. Seus arredores estão repletos de ladrões que interceptam mercadoria roubada vinda do porto. Estima-se que, a cada ano, 2,5 toneladas de cocaína desembarcam ali. Foram várias as ocasiões que visitei o local para fazer matérias, inclusive em 2019, quando parte desse estoque de cocaína foi trazida escondida dentro de 144 caixotes de bananas verdes. O porto é mal controlado, com buracos nas cercas perimetrais por onde veículos de contrabando entram e saem livremente. Ruas laterais dão em pontos de acesso e pessoas circulam em ambos os lados da cerca. As que usam uniforme são tão facilmente corruptíveis quanto as que não usam.

Gioia Tauro também é o epicentro dos crimes de honra. O artigo do *L'Espresso* expõe o horror da situação, destacando as vinte mortes ocorridas em poucos anos. Algumas das jovens assassinadas foram flagradas em relacionamentos virtuais, quando deviam estar namorando criminosos locais. Uma era viúva de um chefe de prestígio e tinha retomado a vida amorosa sem permissão. Havia também casos de "suicídio", em que, sob a mira de uma arma, a vítima era forçada a atirar em si própria ou passar o laço da corda no próprio pescoço antes de pular da cadeira.

A principal fonte da denúncia era Giuseppina "Giusy" Pesce, cuja história já contei anteriormente. A família dela segue sendo uma das mais mortíferas na esfera de atuação da 'Ndrangheta. Certa vez, em início de namoro, Giusy brandiu uma faca para proteger o futuro marido, que tinha sido baleado, e assim o conquistou. Porém, enquanto o marido entrava e saía da cadeia, ela, aos 34 anos, tornou-se a primeira mulher da 'Ndrangheta a testemunhar contra a organização. Conseguiu escapar, mas seus três filhos, de 15, 9 e 5 anos de idade, pagaram um preço terrível na forma de tortura, privação de comida e violência. Tudo para fazê-la mudar de ideia e voltar para casa.

A ideia era fazer uma lavagem cerebral nas crianças, que culpariam a mãe malvada pelo abuso sofrido. Eram alimentadas apenas por conta-gotas, fazendo com que o menino de 5 anos tivesse problemas de desenvolvimento devido à desnutrição. O de 9, por sua vez, era rotineiramente espancado pelos filhos de outras famílias do clã, que só assistiam. Já a menina de 15 era obrigada a escrever cartas angustiantes para a mãe no intuito de fazê-la desistir de depor.

Giusy saiu das garras da 'Ndrangheta com a ajuda da promotora Cerreti, porém acabou sucumbindo à tortura dos filhos, às pressões e às ameaças. Em abril de 2011, a mulher acusou Cerreti e sua equipe de negligência e pressão indevida para confessar. Essas declarações abriram caminho para Giusy retornar à família e recuperar os filhos da câmara de tortura. Também lhe deram a chance de coletar mais informações sobre o clã, que reportou à polícia meses depois, após garantir que os filhos estavam em segurança.

Entre as muitas revelações que Giusy fez aos investigadores, e que levaram à prisão de 76 familiares e associados, estava o mantra que havia aprendido durante toda a vida e que explica o imenso êxito da 'Ndrangheta em dissuadir os *pentiti*: "Uma mulher 'Ndrangheta que se arrepende é uma mancha que apenas um membro da família é capaz de lavar com sangue". Em outras palavras, se essa mulher for descoberta, será morta por colaborar com a Justiça; além disso, qualquer pessoa próxima a ela também estará vulnerável.

Delatar costuma ser ainda mais fatal para quem se depara com uma família do crime sem saber, como ocorreu com a jovem estudante Rossella Casini, que, em 1981, sumiu sem deixar vestígios. Casini foi criada longe do âmbito criminal do extremo sul da Itália. Nascida em uma família abastada, morava em um *pallazo* no subúrbio de Florença. Cursava pedagogia na Faculdade de Magistério da Universidade de Florença, uma forma chique de obter um diploma de teologia, no final dos anos 1970, sem ingressar de fato em uma ordem religiosa. Em 1977, em Siena, Rossella conheceu Francesco Frisina, um jovem estudante de economia que tinha acabado de se mudar para um quarto alugado pela família dela. Ficou encantada com o charme sombrio do rapaz, muito diferente dos garotos que conhecia na época, todos eles destinados ao sacerdócio. Os dois logo se apaixonaram.

Rossella, é claro, sabia que o namorado era da Calábria. Contudo, segundo lembra a mãe, elas nunca cogitaram que viesse de uma família do crime. Isso foi antes do advento da internet, quando ainda não dava para fazer pesquisas genealógicas ou espionar redes sociais alheias. O relacionamento evoluiu em um ritmo saudável, por isso logo os dois já planejavam uma vida juntos.

No verão de 1979, Rossella e Francesco viajaram para a cidade natal dele, Palmi, na costa da Calábria. Ela estava eufórica, ainda não conhecia a parte mais ao sul de Roma. Além disso, amava a família de Francesco. Mas o encanto se quebrou já durante a visita, quando o pai dele, Domenico, foi assassinado por pistoleiros de uma gangue rival[8]. Nesse momento, Rossella soube que estava envolvida em uma sangrenta guerra da máfia. Francesco implorou que fosse embora, porém ela ficou em Palmi enquanto o namorado resolvia os assuntos do pai.

Rossella acabou voltando para a faculdade em Florença, todavia, no fim de semana de 9 de dezembro, foi para a Calábria se encontrar rapidamente com Francesco. Poucas horas após ter se despedido, já a caminho de Florença, teve um mal pressentimento e ligou para a casa do namorado. Como ele não atendeu, Rossella ligou para um amigo dele, que lhe deu a notícia: Francesco tinha levado um tiro na cabeça durante uma briga. Dizia-se que tentara matar um rival horas depois de encerrar o fim de semana romântico com ela.

Rossella deu meia-volta e, ao vê-lo enfaixado no hospital em Régio da Calábria, insistiu que fosse transferido do centro médico decadente, onde tinha certeza de que morreria, para a ala neurocirúrgica do prestigioso Hospital Careggi, em Florença.

Enquanto Francesco se recuperava nas novas instalações, Rossella tentava convencê-lo a se afastar do crime e a cooperar com a polícia, o que, de fato, conseguiu. Em 1981, ele deu detalhes vívidos da rixa familiar em que estava centralmente envolvido. Rossella, por sua vez, prestou depoimento com informações colhidas da família que acabara de conhecer.

Pouco depois de começar a colaborar com as autoridades antimáfia e já recuperado dos ferimentos, Francesco foi a Turim a pedido de um parente, que o convenceu a retirar o depoimento em Florença e retornar a Palmi.

Com o coração partido, Rossella foi a Palmi na esperança de reavivar a chama do relacionamento. Nunca mais foi vista. Em 1994, cerca de treze anos depois, um *pentito* chamado Vincenzo Lo Vecchio esclareceu o sumiço da garota. Morava em Palmi quando Rossella viajou para lá pela última vez, e, segundo disse aos investigadores, fez parte de uma equipe enviada para acabar com "a forasteira" por colocar Francesco contra a família. Ela foi sequestrada e estuprada pelo grupo de homens, que depois a cortaram em pedacinhos para servir de alimento aos peixes em uma fábrica de processamento de atum.

A confissão do *pentito* levou à prisão de quatro pessoas, inclusive de Francesco, que teria participado do sequestro, estupro e esquartejamento, junto de Concetta, sua irmã. O julgamento começou em 1997, mais de dezesseis anos após o desaparecimento da vítima. Depois de sucessivos atrasos ao longo de nove anos, os quatro acusados foram absolvidos. Mesmo assim, em fevereiro de 2020, Rossella teve uma rua em Palmi batizada em sua homenagem, bem como um parque dedicado a ela em Florença.

Já Francesco foi preso em 2013, em Roma, enquanto presumivelmente se dedicava a expandir o alcance da 'Ndrangheta até a capital.

Quando Pupetta falava de crime organizado, era como se não tivesse nada a ver com ela. Sentia-se distante, não só pela idade, mas pelo senso de orgulho e territorialidade existente entre os grupos. Ela foi apelidada de Madame Camorra após cometer seu primeiro assassinato e falava mal dos outros dois grandes grupos criminosos.

Nas palavras dela, os 'Ndrangheta são animais, a Cosa Nostra é fraca e a Camorra nem grupo criminoso é.

"São vocês que exageram", me disse logo de início. "Vocês que ajudam a perpetuar o mito da máfia. A culpa é de vocês, não minha."

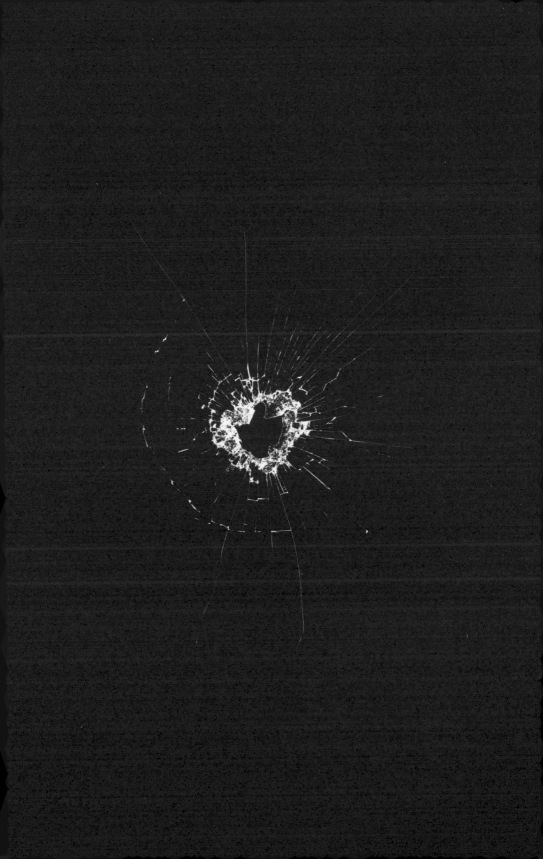

A Fuga Mortal

A Poderosa Chefona
E OUTRAS MAFIOSAS

9

O pentito deu as coordenadas de um descampado onde os policiais encontraram mais de mil fragmentos minúsculos de ossos e o que restava do colar que Lea usava quando foi a Milão se encontrar com Carlo.

Em 2018, Pupetta aceitou um convite para participar do programa da TV italiana chamado *Reality Car,* algo como o talk show *Carpool Karaoke* de James Corden, só que sem a cantoria. O anfitrião, Emilio D'Averio, vestido com um smoking por cima da camisa, faz perguntas um tanto banais para os convidados, a maioria ex-celebridades, enquanto circula de carro pela cidade natal deles. No caso de Pupetta, o passeio foi em Castellammare di Stabia.

Perguntada a respeito da popular série de TV *Gomorra,* Pupetta disse que teve de desligar na metade do primeiro episódio. "*Gomorra*? Nada educativa", contou ao anfitrião. "Depois de ver todas aquelas cenas terríveis, desliguei a televisão e nunca mais assisti." Ficou particularmente horrorizada com a escalação de atores mirins para representar crianças da vida real que tiveram experiências horrorosas com a Camorra. Na percepção dela, houve uma "glamourização" que normalizava a situação. "Envolver crianças assim, nunca vi isso", insistiu.

Diversas cenas da série acontecem dentro dos conjuntos habitacionais Le Vele, no subúrbio napolitano de Scampia. Fui lá em 2008, pela *Newsweek*[1]. Os sete blocos de apartamentos em forma de velas de navios, construídos nos anos 1960, tornaram-se símbolo do poder da Camorra. Traficantes de droga e criminosos logo tomaram conta do complexo, cuja arquitetura, que pretendia imitar os becos estreitos de Nápoles, servia de reduto a fugitivos quando a polícia se atrevia a entrar. Na década de 1980, depois que um terremoto devastador deixou dezenas de milhares de pessoas desabrigadas, o conjunto foi invadido e virou uma espécie de abrigo. Em fevereiro de 2020, como parte de um plano de revitalização, um dos últimos prédios foi demolido.

Em vez de tentar consertar o fiasco que Le Vele tinha se tornado, as autoridades começaram o seu desmonte em 1997. Pareciam achar que, ao se livrarem da estrutura, conseguiriam, de algum jeito, acabar com a criminalidade.

A experiência de visitar o lugar foi apavorante, embora hoje eu gostaria de ter a chance de voltar. Na pesquisa para este livro (e para o anterior), tive que mergulhar fundo nos domínios da Camorra e na realidade do tráfico sexual de nigerianas. Assim, poderia entrar naquele bairro com uma melhor compreensão da Camorra e sem tanto medo. Na época em que estive em Le Vele, eu era mãe (muito da coruja, admito) de dois garotinhos, um de 6 e outro de 8 anos. Doze anos e dois livros depois, eu seria capaz de abordar a tarefa de forma diferente, faria outras perguntas e seria corajosa o suficiente para andar pelos mais escuros e sinistros corredores. A cidade desmantelou Le Vele na pandemia, no entanto, àquela altura, os criminosos já tinham partido.

Lembro-me do som de seringas de plástico sendo esmagadas feito neve congelada sob meus pés enquanto caminhava em direção ao mais habitado dos dois prédios, ainda de pé em 2008. À entrada de um dos porões, mulheres sentadas atrás de mesas dobráveis vendiam seringas individuais de heroína por um euro cada, ao lado de barras de chocolate e latas de refrigerante. Com a dose na mão, alguns fregueses desciam imediatamente ao subterrâneo escuro para injetar. Já os clientes que paravam em carrões eram recebidos por intermediadores — a maioria adolescentes — que recebiam maços de dinheiro em troca de sacolas de papel pardo.

Na manhã em que visitei o complexo com um fotógrafo, havia cerca de vinte carros no estacionamento, e, por volta do meio-dia, filas desciam pelas escadas do porão. Horas depois, chegou a turma que só aparecia depois do expediente, por isso os carros tinham de estacionar em fila dupla. Uma das filas serpenteava ao redor dos prédios. Terminado o horário escolar, crianças passavam de bicicleta por cima das seringas e jogavam futebol, usando o lixo como traves de gol.

Fiquei impressionada com a facilidade de acessar aquele local. Se eu, uma jornalista estadunidense, podia andar por ali e fazer perguntas, como é que a polícia não tinha aparecido lá para interditar tudo? O que *Gomorra* retratou com mais brilhantismo foi o alto grau de infiltração da Camorra na sociedade napolitana, assim como de todas as organizações mafiosas na sociedade italiana em geral. Minha perspectiva de Le Vele, em 2008, era que já não havia lei naquela sociedade — o crime é quem ditava as regras.

"*Gomorra*? Nada educativa. Depois de ver todas aquelas cenas terríveis, desliguei a televisão e nunca mais assisti." Pupetta sobre a série de TV.

O fotógrafo e eu tivemos que pagar uma "comissão" de 87,50 euros ao nosso guia, Lorenzo Lipurali. Mais ou menos a mesma quantia que paguei a Carmela, em Nápoles, para me levar às ex-presidiárias. O preço curiosamente quebrado era uma conversão da taxa antiga, em liras italianas. Fui avisada com antecedência para trazer a quantia exata porque Lorenzo não dava troco. Era de se esperar que a maioria dos jornalistas arredondasse para 90 euros e desse o troco para ele como gorjeta, por isso foi o que fiz.

Manter nosso guia contente parecia um investimento sábio. Para todos os efeitos, o dinheiro que pagávamos de comissão a ele ou a Carmela era nossa garantia de proteção. Uma equipe de TV francesa que visitou o complexo naquele mesmo dia se recusou a pagar a taxa e foi mantida sob a mira de uma arma em um dos apartamentos até pagar o equivalente a 500 dólares. Lorenzo falava ao celular com os algozes e relatava o progresso do pagamento, talvez para me mostrar que fiz certo em seguir as regras. Eu tinha certeza de que ele estava inventando a história até ouvir o caso no noticiário do dia seguinte, depois que os franceses foram libertados.

Fomos ao apartamento impecável de Lorenzo, sentamos, e a filha adolescente dele, Anna, que deveria estar na escola, nos serviu café *espresso* em copinhos de plástico. *Gomorra*, o filme, tinha acabado de ser lançado e estava cotado para uma indicação ao Oscar de filme estrangeiro (o que nunca aconteceu). Animado, Lorenzo colocou uma cópia pirata do filme em um reprodutor de DVD conectado a uma enorme televisão. Como a energia elétrica do complexo já tinha sido cortada havia tempo, todos os inquilinos usavam extensões que desciam por fora das janelas até geradores instalados em sequência próximos à entrada dos porões. O fio da TV de Lorenzo saía por um buraco na parede.

Lorenzo avançou para a parte do filme em que ele interpretava um inquilino que tentava ajudar os vizinhos a manobrar um enorme sofá de veludo para um dos andares superiores. "Olha eu aí", falou, pausando o disco para explicar como foi difícil fazer o sofá parar de balançar. Enquanto ele e outros homens carregavam o móvel, dois pré-adolescentes da idade de Anna filosofavam acerca de como poderiam ter que matar um ao outro algum dia, já que pertenciam a clãs diferentes.

Guiados por Lorenzo, o fotógrafo e eu percorremos vários apartamentos, quase todos habitados apenas por mulheres e crianças pequenas. O cheiro de alvejante e produtos de limpeza impregnava o ar e tudo estava muito limpo, mesmo que caindo aos pedaços. As janelas perfuradas de balas foram esfregadas e as portas danificadas, lustradas. Uma mulher chamada Maria Amaro me convidou para tomar outro *espresso*, servido no mesmo tipo de copo de plástico usado por Lorenzo. Só mais tarde percebi que o uso desses copos se devia ao fato de que a água quente era supervalorizada no complexo, e, como lavar a louça era uma forma inevitável de desperdício, todo mundo usava apenas pratos e talheres descartáveis. Também não havia coleta de lixo, então as pessoas simplesmente atiravam o lixo pelas janelas nos pátios abaixo ou no poço do elevador. O elevador, aliás, teve a porta arrombada, mas o vão era parcialmente bloqueado com meias-paredes improvisadas para evitar que alguém despencasse para a morte — a menos que a queda fosse intencional.

Maria gostou do filme e também tinha uma cópia pirata, porém ficou desapontada porque os produtores não mostraram mais do "lado humano" da vida em Le Vele. "O povo tem medo de vir aqui", comentou. Enquanto falava, as três filhas pequenas, todas vestidas com lindos moletons cor-de-rosa, andavam em bicicletas novas, indo e vindo pelos corredores entre os apartamentos. "Todo mundo acha que vai ser assassinado pela gente."

Perguntei a Maria qual era o lado humano de que sentia falta. Ela respondeu que não mostraram nada da "vida normal" e focaram apenas no crime. Quando quis saber como era a vida normal em Le Vele, ela me descreveu um dia de chuva recente. "Achei que alguém estava jogando pedras no telhado ou dando tiros", falou, apontando para o telhado de plástico corrugado sobre a pequena varanda. "Mas eram os ratos. A chuva tava tão forte que eles caíam do telhado que nem pedras." Eu tinha entrado e estava sentada na cozinha, que era limpíssima. Enquanto tomava goles de café, matutava: "Como ela podia achar que histórias como aquela suavizariam a imagem do lugar? Em que mundo ratos batendo contra o telhado seria considerado 'normal'?"

A vizinha, Maria Mottola, também era mãe solo, tinha filhos pequenos que corriam para todo lado, e um apartamento igualmente impecável. Também gostou do filme, todavia por motivos diferentes. "Chamou uma atenção que é boa para a gente", disse. "A realidade é muito pior do que mostram, mas talvez isso seja uma vergonha para o país."

Em relação a outras mafiosas, as mulheres em Le Vele estão nos degraus mais baixos. Não são esposas ou irmãs de *capi* conhecidos, e sim consortes de criminosos de menor importância, os quais acabam sendo aliciados por grandes mafiosos. Elas são as mulas de drogas, vendedoras de seringas e pequenas traficantes entre os napolitanos desempregados e desprivilegiados, sem qualificação para um trabalho legítimo. Ocupam lugares condenados como Le Vele, que encobrem operações criminosas, como a venda de heroína no porão. No entanto os homens que aparecem de hora em hora de carrão, a quem os grandes mafiosos confiam a coleta dos rendimentos, não moveriam uma palha para proteger aqueles que conduzem o negócio. Na linha de frente, esses soldados podem ser facilmente sacrificados na primeira batida policial, e as mulheres da comunidade são ainda mais descartáveis.

Ao longo dos anos, centenas de mulheres integrantes de famílias da máfia foram brutalmente assassinadas. Algumas morrem de maneira banal, espancadas até a morte pelos maridos ou exterminadas por vingança. As histórias que ganham as manchetes costumam ser as mais horríveis, como a de Lea Garofolo, que foi morta, queimada e enterrada mais de dez anos depois da primeira vez que tentou deixar a 'Ndrangheta calabresa com a filha.

Embora o pai tenha sido brutalmente assassinado quando tinha só 8 meses de idade, a mãe incutiu nela a ideia de que os crimes cometidos pela família se justificavam e que o errado, na verdade, era o certo. Lea era a típica italiana do sul, com longos cabelos ondulados e tez oliva. Pequena de corpo e exuberante na personalidade, atraía muitos amigos.

Contudo, Lea não engolia a ideia de estar destinada a viver no crime. Desde muito jovem já resistia à pressão para se enquadrar. Aos 15 anos, apaixonou-se por Carlo Cosco, um homem que acreditava ser diferente porque vivia em Milão. Das colinas poeirentas da Calábria, Milão parecia outro planeta, muito distante do mundo do crime do qual ela tanto sonhava escapar. Mas quando concordou em fugir de casa com seu amado, não sabia que ele trabalhava para o irmão dela, Floriano, que liderava a *'ndrina* da família. Ele via o casamento como ferramenta de ascensão social. Lea ficou arrasada. Grávida, tentou abortar — não queria criar um filho que vivesse aprisionado naquele meio. Chegou a cogitar suicídio, entretanto, depois de dar à luz à filha Denise, em 1991, decidiu que tinha uma razão para viver.

Depois de quatro anos presenciando assassinatos no próprio quintal, Lea procurou a polícia e contou tudo o que sabia. Junto à filha Denise, se escondeu em um convento em Bérgamo por dois anos, até que reuniu coragem para alugar um pequeno apartamento na cidadezinha do norte, e, depois, uma casa maior. Ela fazia bicos, Denise frequentava a escola e a vida parecia normal. Lea chegou a namorar e fazer amigos.

Foi quando cometeu o erro de voltar para visitar a família na Calábria, a mesma que, em teoria, havia traído. Lea não era desertora ou *pentita* no sentido usual, já que tinha deposto em segredo contra o marido e o cunhado, e, portanto, nunca buscou refúgio ou entrou para o programa de proteção a testemunhas. A verdadeira traição dela — pelo menos para Carlo — era ter se recusado a visitá-lo na prisão, enviando, no seu lugar, a filha Denise, acompanhada do tio paterno, Vito. Na visão do marido, ao se ausentar, ela o desrespeitara, e por tabela, a toda a *'ndrina*.[2]

Carlo começou a usar sua influência para aterrorizar Lea. Primeiro mandou atear fogo ao carro da esposa, deixando claro que sabiam que ela estava morando em Bérgamo. Em 2002, de visita à avó na Calábria, o irmão, Floriano, a esbofeteou em praça pública, em plena luz do dia, e ordenou que fosse ver Carlo na prisão. Como ele era da família e estavam na Calábria, ninguém se intrometeu. Dois dias depois, a porta da casa da avó deles, que hospedava Lea e Denise, foi incendiada para passar a mensagem de que não havia escapatória.

No mesmo dia, Lea foi aos *carabinieri* decidida a testemunhar contra a família. Prometeu contar tudo o que sabia a respeito de todos, inclusive do irmão, em troca de proteção para ela e Denise, na esperança de ganhar paz e liberdade. A polícia levou as duas para um local seguro, transferindo-as regularmente por receio de que a 'Ndrangheta tentasse matá-las. Até que, seis anos depois de Lea se tornar *pentita*, seu irmão foi perseguido e morto. Em clara represália à traição da irmã, balearam Floriano pelas costas e estraçalharam seu rosto com tiros. Ao mesmo tempo, Lea começava a se rebelar, cansada de viver confinada, e começou a sair sem notificar ninguém. Para piorar, os promotores não conseguiram apresentar uma denúncia com base nas suas declarações, em parte porque não havia outros *pentiti* para corroborá-las, então tentaram expulsar Lea e Denise do programa de proteção. Ela recorreu e ganhou o direito de ficar, contudo decidiu sair por conta própria alguns meses depois.

Em 2008, voltou para o programa, mas não ficou muito tempo. Nos anos seguintes, perdeu-se em uma espiral de paranoia e depressão. Por fim, ela se reconciliou com Carlo — ou assim achava — e, relutante, retornou à Calábria, onde passou a depender dele financeiramente. Quase foi sequestrada por um homem que dizia ter vindo consertar a lava-louças. Em vez de utensílios hidráulicos, ele trazia uma mala de ferramentas cheia de cordas e fitas adesivas. A polícia suspeitava que tivesse sido enviado por um sócio de Carlo, que não confiava nele para controlar a esposa problemática. O marido pagava o apartamento de Lea e Denise na Calábria, e outro mais modesto em Milão, onde a esposa trabalhava meio período sob a condição de que a sogra e outros parentes morassem com ela. Era um inferno do qual ela e Denise tentaram mais uma vez escapar. Lea conseguiu; todavia, seria a última vez que provaria o gosto da liberdade.

No verão de 2009, reatou o relacionamento com Carlo, na contramão do que recomendavam os advogados e praticamente todos que conheciam o casal. Em 24 de novembro de 2009, dia em que deveriam se encontrar no apartamento de Milão para discutir o futuro de Denise, Lea desapareceu. Um ano depois, um *pentito* contou à polícia que ela havia sido brutalmente espancada e seu corpo fora queimado por três dias seguidos para não deixar vestígios. O *pentito* deu as coordenadas de um descampado onde os policiais encontraram mais de mil fragmentos minúsculos de ossos e o que restava do colar que Lea usava quando foi a Milão se encontrar com Carlo.

Embora o pai tenha sido brutalmente assassinado quando tinha só 8 meses de idade, a mãe incutiu nela a ideia de que os crimes cometidos pela família se justificavam e que o errado, na verdade, era o certo.

Aos 18 anos, Denise já podia andar com as próprias pernas e decidiu testemunhar contra o pai e outros criminosos em um julgamento que resultou em sentenças de prisão perpétua para seis homens, embora a defesa insistisse que Lea estava viva e bem na Austrália. Hoje, Denise vive sob a proteção do mesmo programa a testemunhas que falhou com sua mãe.

Nos anos seguintes, surgiram homenagens a Lea em todo país. Jardins, parques, e até ruas em cidades controladas pela máfia, receberam o nome Lea Garofalo para lembrar sua dor, o preço da justiça e o fracasso geral do Estado em protegê-la.

Alguns desertores da máfia, porém, conseguem fazer a diferença, como Giuseppina Vitale, a Giusy, uma das mulheres mais poderosas da história da máfia siciliana. Giuseppina se tornou *pentita* na prisão, onde cumpria pena como mandante de um assassinato enquanto chefe de família do crime. Cresceu na Sicília da década de 1970, quando a pobreza generalizada empurrava muitos jovens para o submundo do crime. Os seus irmãos, Vito e Leonardo, dominavam o Partinico, subúrbio de Palermo onde foram educados na violência que lhes garantiria longevidade na máfia. Sob o controle deles, Giusy costumava ser espancada, ameaçada e foi até forçada a abandonar a escola aos 13 anos para não se tornar mais esperta que os dois.

Escondidos por um tempo, os dois irmãos acabaram presos com longas penas por homicídio e deixaram Giusy no comando. Ela, que tinha começado levando mensagens dos esconderijos dos irmãos para o grupo e vice-versa, passou a levar mensagens das celas deles, até, finalmente, tomar as próprias decisões gerenciais, quase sempre mortais. Também foi condenada a uma extensa pena por ordenar ao marido — que era matador de aluguel — a execução de um rival em 2003, mesmo ano em que decidiu colaborar com a Justiça.

Dentro da Cosa Nostra, as mulheres exerciam papéis pouco claros, mas Giusy foi, sem dúvida, a que mais se aproximou do status de chefe. Tinha sido a principal confidente de ambos os irmãos — que ameaçaram matá-la se os traísse — e só decidiu testemunhar contra a *cosca* ("organização") depois de conhecer Alfio Garozzo, *pentito* que a visitava na cadeia com a missão de convertê-la em informante. Os dois se apaixonaram. Giusy deu um depoimento com detalhes tão pitorescos que deixariam Mario Puzo, autor de *O Poderoso Chefão*, muito orgulhoso. Relatou, por exemplo, ter presenciado uma reunião secreta em que Bernardo Provenzano, o Tratturi, chefão oculto da máfia, vestia paramentos de bispo e andava em uma limusine da paróquia — uma mostra tanto da criatividade da máfia como da cumplicidade da Igreja.

Giusy também forneceu aos investigadores informações cruciais relacionadas a Matteo Messina Denaro, o atual *Capo dei Capi* da Cosa Nostra. Até 2022, Matteo permanecia foragido, contudo, no que depender das armadilhas da polícia visando seu círculo mais próximo, sua captura pode estar próxima.[*] Na época em que sumiu, era noivo de Franca Alagna, que disputava sua atenção com diversas amantes, entre elas uma moça austríaca que trabalhava todo verão em um restaurante turístico em Selinunte, na Sicília, e com quem teria gerado pelo menos uma criança. Porém a criança que mais mereceu a atenção das autoridades foi Lorenza, filha que

---

[*] Após trinta anos foragido e figurando a lista de criminosos mais procurados, o siciliano Matteo Messina Denaro, o último chefão da Cosa Nostra, foi detido em janeiro de 2023. [NE]

teve com Franca e que está sob vigilância constante, uma vez que a polícia acredita que ela e o pai são extremamente próximos, como quase todo pai e filha italianos. De tempos em tempos, em intervalos de não mais que alguns meses, capangas de Denaro e mulheres do grupo são presos, mas Franca, que mora com a mãe dele, continua livre. O próprio Denaro teria sido visto em uma suv, em outubro de 2021, quando mais de sessenta pessoas foram presas em uma parte da Sicília. No entanto, seu paradeiro segue indefinido pela polícia.

Giusy pediu divórcio do marido, o que também é considerado crime imperdoável na máfia. Os irmãos juraram matá-la ou mandar alguém para fazer o serviço antes de deixarem a prisão. Insubordinada, Giusy já falou abertamente à imprensa que só testemunhou para salvar os filhos e se casar com Garozzo.

Garozzo, aliás, anulou o próprio depoimento depois que Giusy deu o dela e retirou-se do programa de proteção, dizendo a um juiz que, apesar de tudo, "existe um amor indissolúvel" entre os dois. É possível, porém, que esse amor tenha nascido da necessidade de manter os dois dentro do programa. Em juízo, Giusy acusou Garozzo de dar declarações falsas e de armar para ela uma cilada travestida de "colaboração". É bem verdade que a polícia não conseguiu confirmar as informações prestadas por Garozzo e perdeu um tempo valioso em buscas infrutíferas quando poderia estar centrada em *pentiti* de maior credibilidade.

A maior prova da falta de seriedade de Garozzo, registrada nos autos, foi ter descrito Giusy como não sendo "o tipo de mulher que leva um homem a perder a cabeça", o que dava a entender que, pela aparência física, ela dificilmente seria objeto de interesse romântico. Giusy ainda é testemunha protegida pelo Estado e colabora até hoje em casos criminais importantes, inclusive no julgamento em curso dos irmãos. No entanto, tratou de inocentar o ex-marido, Angelo Caleca, pai de seus filhos, do assassinato pelo qual foi condenada.

Giusy não prejudicou apenas a Cosa Nostra com seu testemunho. Também conhecia muita sujeira envolvendo as forças de segurança italianas, que, por muito tempo, teriam ajudado a manter em liberdade Totò Riina, la Belva. Entre os segredos vazados estava a implicação de Mario Mori com os criminosos. Mori era do alto comando dos *carabinieri* e foi um dos encarregados de colocar Riina atrás das grades. Não fosse ela, a cumplicidade entre esses policiais corruptos e a máfia teria sido ignorada. Era Mori, disse a colaboradora da justiça, o responsável por vigiar um conhecido esconderijo de Riina, uma *villa* onde, certa vez, relatou não haver nenhum sinal do então *Capo dei Capi*, isso sem nem ter feito uma busca no local. Decerto queria ocultar o que sabia.

Giusy provou que ela realmente sabia muito, e, com isso, deixou a polícia em maus lençóis. Se ficasse comprovado que Totò estava mesmo escondido no casarão, a promotoria teria uma bomba nas mãos, segundo admitiam declarações da própria corporação. De acordo com a *pentita*, membros da família Riina abrigavam o patriarca e entravam e saíam livremente da casa sob a guarda de Mori, que nada via — ou fingia não ver. Mori, que acreditava que seria poupado por Giusy, chegou a ser investigado por acobertar a ação da máfia, no entanto foi absolvido depois de convencer o júri de que realmente não tinha visto sinal da presença de Riina na *villa*, desmentindo o relato da colaboradora que era uma testemunha ocular. Anos depois, o policial voltou a ser julgado por tráfico de drogas e, em abril de 2018, acabou condenado a doze anos de prisão por ameaçar um juiz.

Em 2009, com a ajuda da jornalista italiana Camilla Costanzo, Giusy escreveu uma autobiografia. O título, *Ero Cosa Loro* [Eu era coisa deles], fazia clara alusão ao nome da máfia siciliana Cosa Nostra. No livro, ela relembra o dia em que decidiu depor. "Meu filho de 6 anos me perguntou, 'Mamãe, o que é máfia?', e, naquele momento, percebi que ainda havia chance de salvá-los."

Pupetta ficou sem saber o que dizer quando lhe perguntei se, caso pudesse, viveria a vida de forma diferente. Aquilo nunca tinha passado por sua cabeça. "Teve uma época que eu tinha coisas muito boas", lembrou. "Uma casa com terraço em Sorrento e uma casa de praia ao norte de Nápoles. Eu adorava."

Admito, com certa vergonha, ter sentido grande prazer em visitar a antiga casa de verão de Pupetta, na cidade litorânea de Castel Volturno, cerca de meia hora ao norte de Nápoles. É um bangalô icônico dos anos 1950, cercado por um muro alto e branco que se abre para uma entrada com pilares cobertos de entalhes em formato de diamante. A casa quadrada tem um telhado curvo de estuque e janelas do chão ao teto nos quartos, dando para um amplo caramanchão branco de ferro forjado de onde, em outros tempos, glicínias pendiam como seda. Nos fundos, um terraço com teto abobadado, como o das igrejas italianas, se abre para o que antes era um jardim de estilo inglês com rosas e grama curta.

A casa de Pupetta fazia parte de um empreendimento mais amplo chamado Coppola Village, construído por irmãos ligados à Camorra. Foi inspirado em Miami Beach com o intuito de atrair soldados estadunidenses que estavam posicionados em Nápoles junto às Forças Aliadas no sul da Europa (como parte da presença contínua da OTAN no pós-guerra). O raciocínio era que esses homens gostariam de comprar casas de veraneio que tivessem um quê de lar. O projeto já era um fiasco antes mesmo de concluído, e a maior parte dos imóveis foi confiscada pelo governo. Os que não foram, acabaram ocupados por camorristas que, como Pupetta, investiram cedo.

A ideia de criar um bairro com cara de Flórida partiu dos irmãos Vincenzo e Cristoforo Coppola, supostos parentes distantes do diretor de cinema Francis Ford Coppola, cujas raízes se estendem dessa parte da Itália até mais ao sul. Os irmãos perderam milhões na maracutaia, contudo recuperaram boa parte do dinheiro quando a empresa da família fechou um contrato público para demolir parte da propriedade. No início dos anos 2000, os edifícios maiores foram derrubados com explosivos, tudo às custas do Estado, que colocou dinheiro de volta no bolso da família causadora da bagunça.

As Forças Armadas dos Estados Unidos, por sua vez, reformaram e alugaram muitos dos prédios altos que não tinham sido confiscados pelo poder público e ainda pertenciam à família Coppola. Os estadunidenses desistiram do último contrato de locação no início dos anos 2000, quando dar dinheiro a famílias do crime deixou de estar na moda, graças a uma maior conscientização e a investigações que começavam a se concentrar na curiosa relação financeira entre o governo dos Estados Unidos e a Camorra napolitana.

Pupetta manteve a casa até o imóvel ser confiscado pelas autoridades italianas na década de 1990, como parte de um congelamento mais amplo e um tanto inexplicável de seus bens. Ela lamentou a perda. "Era uma casa linda, bem pertinho da praia", lembrou. No interior, os pisos eram cobertos de azulejos bordô e brancos pintados à mão, que conferiam aos cômodos centrais uma atmosfera de opulência e esplendor. Na lareira da sala principal, decorada com mosaicos coloridos, ficavam gravadas as iniciais dela, AM, de Assunta Maresca. Hoje, a antiga casa de veraneio é a sede da Alice's House, uma cooperativa para mulheres nigerianas vítimas de tráfico sexual, que a transformou em uma fábrica de costura. No jardim dos fundos, onde antes Pupetta abrigava bandidos da Camorra, mulheres migrantes realizam desfiles de moda e acampamentos de verão para crianças.

Em um dos quartos dos fundos, havia um espaço sob o piso que, de acordo com a polícia, era usado para armazenar mercadorias contrabandeadas, de cigarros a heroína. Hoje, nesse mesmo quarto, as mulheres administram a própria cooperativa, e o espaço subterrâneo serve para guardar os tecidos coloridos que usam em projetos originais.

A casa desapropriada virou símbolo de uma promissora mudança no país. Na frente, uma placa diz: "Aqui a Camorra foi derrotada" (infelizmente, está pichada e parcialmente queimada). Mostrei a Pupetta fotos da casa, já completamente transformada, e a maioria dos comentários dela relativos à influência africana e às mulheres que hoje trabalham lá são abjetos demais para serem transcritos. Basta dizer que ficou muito desapontada com o fato de "uma casa tão maravilhosa" ter se transformado no que descreveu como sendo um "prostíbulo".

Apesar de Pupetta insistir que já não tinha relação com o passado criminoso, seu legado sempre será parte integral de uma das organizações criminosas mais letais e perigosas do mundo. Ela foi condenada duas vezes por assassinato ligado à Camorra e considerada suspeita em dezenas de ocasiões por seu envolvimento com a máfia. O pai era um criminoso conhecido. Engravidou duas vezes de camorristas declarados. Um dos filhos foi preso por suspeita de envolvimento com a máfia. Mesmo com mais de 80 anos, nunca se distanciou completamente do submundo e, depois de morrer, foi descrita como a primeira mulher a chefiar a máfia.

É uma mistura complicada de notoriedade e fama. Madame Camorra é respeitada em diversos círculos como alguém que foi além do que se esperava de uma mulher na época. Mas era uma assassina, ainda que os homens que matou provavelmente merecessem morrer. Pupetta morreu em paz, sentindo não ter vinganças ou dívidas a saldar. Poucas mulheres na máfia terão uma vida tão fácil. "Eu durmo tranquila", me disse uma vez. "Não tenho medo de morrer."

Poucas e Boas

A Poderosa Chefona
E OUTRAS MAFIOSAS

10

"A máfia é um mundo de trapaça e mentira. Não consegui sair da mentira porque fui forçada a adotar uma identidade dupla e viver escondida. Hoje eu não suporto mentira, por menor que ela seja."

Pupetta nunca será lembrada como uma boa pessoa, mesmo que a idade tenha amolecido sua casca grossa. As mentiras descaradas que contou e os crimes sangrentos que praticou são indesculpáveis, e não poderia ser diferente, já que não sentia remorso algum. Mulheres como ela, que gostam de estar nos holofotes e parecem ter orgulho da má fama, acabaram abrindo o caminho para outras criminosas. Viveu livremente, mesmo tendo sido condenada por dois assassinatos e acusada de outros crimes, o que evidenciava não tanto a sua própria força de vontade, mas sim a debilidade do Estado italiano e seu absoluto fracasso em erradicar o crime organizado.

Encontrei-me duas vezes com a filha dela, Antonella, e ambas as experiências foram enervantes. Com traços da beleza da mãe, entretanto pouco de seu charme, dava a impressão de ser uma pessoa amarga e ressentida com a fama de Pupetta. Até onde se sabe, ela não é da máfia, porém sempre administrou os assuntos da mãe; logo, se Madame Camorra fosse inculpada de um crime, ela poderia ser cúmplice. Não dá para saber se Antonella queria ter o destaque da mãe ou se foi rejeitada pela cúpula do crime. Todavia podemos supor que, fosse filiada a um clã, seria outra pessoa e teria um objetivo mais claro. Ela foi a guardiã da mãe em vida. Com a morte de Pupetta, tornou-se guardiã de seu legado.

A impressão que tive é que Antonella não queria que a mãe fizesse nada de graça. A primeira vez que nos encontramos, eu estava no apartamento de Pupetta e me preparava para sair. Antonella entrou e pareceu aborrecida ao ver minha xícara de *espresso* na mesa. Enquanto eu juntava meu caderno e caneta, ela me dirigiu perguntas simples e sem propósito aparente: onde eu publicaria o artigo; quem leria; e quem mais eu estava entrevistando.

Na segunda vez, Antonella pareceu zangada com o fato de que meu retorno não lhe tenha sido comunicado antes, e me disse, de forma clara e direta, para não voltar mais. Passei tempo suficiente com Pupetta para saber que era uma mulher de personalidade forte. No entanto, aparentava ter medo da filha, mantendo a cabeça baixa quando ela falava, chegando a desviar o olhar quando tentei fazer contato visual. Na verdade, tudo o que aprendi de Pupetta por meio de nossas entrevistas, e quanto ao seu modo de interagir com outras pessoas, perdia o sentido na presença de Antonella, que a fazia parecer frágil e indefesa. Naquele momento, senti pena dela, presumindo que a filha tivesse assumido total controle de sua vida e de seus negócios. Porém depois, pensando melhor, me perguntei se não era encenação, se Pupetta não fazia papel de velha caduca para esconder o quanto ainda era capaz, quem sabe até mesmo para convencer Antonella de que tinha realmente largado a vida bandida.

Pouco se sabe da vida particular de Antonella, mas tudo indica que ela e a mãe sempre foram próximas. As duas administraram lojas de roupas baratas em Nápoles e Castellammare di Stabia até fecharem as portas em 2005. Pupetta ficava atrás do balcão atendendo clientes menos interessadas nas blusas berrantes de poliéster e nas saias coladas que vendia por 5 a 10 euros, que em se gabar de ter comprado roupas da Madame Camorra. Antonella trabalhava em outro lugar, no entanto cuidava do lado comercial da operação; além disso, seu nome constava nos registros fiscais, sem dúvida para não alertar as autoridades, atentas a qualquer sinal de envolvimento da mãe em atividades de sonegação ou lavagem de dinheiro. Da forma como estava no papel, Pupetta trabalhava para a filha, porém o capital para começar o negócio podia muito bem ter vindo dela mesma. Apesar da estreita ligação com a mãe famosa, a filha nunca esteve nos holofotes.

Minha última entrevista com Pupetta, em uma tarde de inverno, foi interrompida por Antonella, que me enxotou poucos minutos depois de minha chegada. Minha entrevistada não protestou; pelo contrário, achei que ficou até aliviada. Na hora, a intervenção da filha pareceu espontânea, mas não duvido que já estivesse tudo combinado. "Acho que sua pesquisa acabou", declarou em tom de comando. "Acho que você não vai voltar mais."

> **Não dá para saber se Antonella queria ter o destaque da mãe ou se foi rejeitada pela cúpula do crime. [...] Ela foi a guardiã da mãe em vida. Com a morte de Pupetta, tornou-se guardiã de seu legado.**

Depois desse dia, tentei, sem sucesso, marcar um encontro a sós com Antonella. Ela se esquivava, mencionando a segunda onda da pandemia e as interdições que dificultavam o acesso às imediações de Nápoles. Minha sensação era que não queria me encontrar porque nada teria a dizer, a não ser, talvez, que sobre o passado sinistro da mãe só sabia o que leu nos jornais. As duas eram próximas, sem dúvida, mas o fato de a filha existir no imaginário público apenas como "um dos gêmeos de Pupetta" deve ser uma realidade dolorosa. Ela cresceu em um lar para lá de disfuncional — o pai era suspeito de ter matado o meio-irmão dela, e a mãe, uma assassina confessa. No fim, era justificável que fosse tão fria. A última vez que me dirigiu a palavra foi por mensagem de texto. "*Mamma è morta*", foi tudo que escreveu. Eu pretendia revê-la no cemitério de Castellammare di Stabia, onde estava para acontecer, na surdina, uma reunião de oração para marcar uma semana da morte de Pupetta. No entanto, mais uma vez, a polícia proibiu qualquer celebração a uma pessoa tão odiosa. Duvido que um dia terei notícias de Antonella novamente.

Estremeço quando vejo tudo que se escreveu a respeito da máfia e seus integrantes, envolvidos em tramas tão bizarras de traição e assassinato que até parecem coisa de filme. Contudo, a máfia na Itália ainda é bem real e tem causado a morte de milhares de italianos, embora nem sempre em decorrência de crimes de homicídio. Infiltrada no setor de construção civil, a máfia também é tida como responsável pelo colapso de edifícios em zonas sísmicas. No terremoto de 2006, que devastou a cidade de Áquila, a quarenta minutos de Roma, uma escola local que desabou teve a certificação de segurança sísmica forjada por uma empresa ligada à máfia. O terremoto ter ocorrido no meio da noite foi um imenso golpe de sorte para as centenas de crianças que, de outra forma, teriam perdido a vida.

A atuação da máfia no ramo do descarte de lixo tóxico, conforme já mencionado, resultou na propagação de incêndios florestais venenosos e no aumento alarmante dos índices de câncer em certos territórios dominados pelo crime, especialmente no entorno do Monte Vesúvio. Por meio do tráfico de drogas, a máfia também provocou milhares de mortes, tanto por estimular o vício, como por inundar o mercado com substâncias letais como cocaína e heroína não purificadas.

A pandemia de Covid-19 deu ainda mais força ao crime. O governo italiano foi um dos primeiros a tentar conter a propagação do vírus fora da China com a adoção de medidas draconianas de isolamento, que, no entanto, tiveram como efeito colateral o estrangulamento da economia já a partir de março de 2020. Embora a política tenha alcançado um relativo sucesso na redução temporária do número de casos e de mortes, levou inúmeras empresas a fecharem as portas e deixou outras tantas à beira da falência. Logo no início do lockdown, o Ministério do Interior advertia que grupos do crime organizado já se aproveitavam da situação emprestando dinheiro a empresas em crise e impondo condições inviáveis de pagamento.

Pouco mudou desde a época em que Pascalone ajudava agricultores a obter mais dinheiro para o plantio por meio da extorsão violenta de fabricantes e compradores. O que a pandemia evidenciou foi o tamanho do desespero de muitas empresas italianas que, embarreiradas pelo Estado ou pelos bancos, iam negociar com as organizações criminosas. Assim como ocorreu após a Segunda Guerra Mundial, muitas firmas ficaram de fora dos programas de auxílio do governo, ou por omitir lucros, ou por manter empregados sem registro para evadir impostos. Do ponto de vista dos incentivos e outros pagamentos destinados a refletir o real custo da pandemia, era como se não existissem. Em um país como a Itália, em que a opção pelo caminho menos oneroso e a contabilidade criativa minam a confiança nas estatísticas oficiais, a pandemia reforçou a desigualdade de gênero na sociedade, já que, de modo geral, era a mulher que renunciava à venda da força de trabalho para acompanhar o aprendizado virtual dos filhos e ficar nas longas filas dos comércios.

Na sociedade criminosa, o isolamento teve o efeito oposto. O papel tradicional das mulheres como donas de casa não mudou, ou seja, elas ainda tinham que sair para comprar mantimentos e outros itens essenciais. A diferença, agora, era que podiam se locomover mais facilmente que os homens, que não tinham desculpa para sair. Entre março e maio de 2020, a polícia afirmou ter localizado diversos mafiosos foragidos por meio das mulheres que levavam roupa e comida para eles. Assim como no caso de Bernardo Provenzano, que, segundo a polícia, foi exposto pelas camisas recém-passadas que recebia da companheira, apontar o dedo para as mulheres por trás desses criminosos ajudava as autoridades a manter sigilo acerca das próprias técnicas de vigilância. Porém, segundo me contou um investigador antimáfia, a captura de tantos mafiosos se devia, na verdade, ao fato de usarem mais o celular. Antes da pandemia, o deslocamento entre áreas de serviço dificultava o rastreio. Contudo, por conta do isolamento forçado e do consequente risco de serem parados na rua pela polícia, os criminosos ficavam nas encolhas e, pelo visto, passavam muito tempo na internet.

A influência da máfia durante a pandemia não se restringia a socorrer empresas. Segundo relata Raffaele Cantone, corregedor antimáfia, o crime também usou de assistencialismo no que ficou conhecido como "o esquema da sacola de compras". A estratégia era distribuir mantimentos gratuitos e pagar contas de serviços públicos para quem tinha perdido o emprego no isolamento e não estava em posição de recusar favores. Assim, diz Cantone, a máfia recebia guarida para outras atividades. "O consentimento da comunidade pode ser obtido não apenas pela intimidação, mas também pela compra do controle social sobre seu território", diz a teoria. Em suma, ao facilitar a vida do povo, na contramão das restrições impostas pelo governo, a máfia passava a mensagem subliminar de que, no fim das contas, não era tão ruim assim.

Durante a pandemia, as máfias voltaram a explorar os estereótipos de gênero e colocaram mulheres na linha de frente com a missão de granjear a confiança da comunidade, sabendo que seria mais fácil para distribuírem benesses sem atrair suspeitas. O patriarcalismo italiano cria circunstâncias únicas para que o conceito da mulher cuidadora seja aceito de maneira incondicional, mesmo quando os aparentes atos de generosidade violam a lei e contribuem para a expansão do crime.

Mais à frente, os agraciados em momento de necessidade podem ser solicitados para esconder armas, abrigar fugitivos ou até ceder espaço para reuniões secretas.

Muito do que se sabe dos bastidores da máfia vem da confissão de mulheres que, em algum momento, se rebelaram contra o meio de onde vieram. Foi graças a Giusy Pesce, entre outras, que a promotora Alessandra Cerreti teve acesso a detalhes de como a máfia operava por trás dos panos. A investigação que se seguiu, por exemplo, amparada nos depoimentos de Giusy e na persistência obstinada de Cerreti, levou a penas de prisão que, somadas, chegam a seiscentos anos.

Cerreti cresceu no nordeste da Sicília, que fica a uma curta viagem de balsa da Calábria, passando pelo Estreito de Messina. Ela observou em primeira mão a 'Ndrangheta evoluir de pequeno grupo criminoso a potência global.

Com isso, fica provado um ponto importante: que muitos italianos criados no coração de regiões dominadas pela máfia ou estão diretamente envolvidos na criminalidade, ou a combatem ativamente, tendo uma compreensão muito mais esclarecida do estrago que essas organizações podem causar em suas comunidades.

Cerreti não nasceu em uma família do crime, como muitas das mulheres que convenceu a depor e fazer a coisa certa. "A criminalidade está entranhada na pessoa desde novinha, por isso é tão difícil cortar o vínculo", diz.

Ela acompanhou a 'Ndrangheta no avanço para o norte e dedicou o início da carreira a investigar a infiltração da 'Ndrangheta e da Cosa Nostra nessas regiões mais ricas. Trabalhando em Milão, notou uma coincidência de estilo (ou mesmo de ideologia) entre as máfias e os jihadistas. Ambos os grupos se aproveitam da população marginalizada, a quem oferecem um raro propósito de vida.

Em 2009, Cerreti substituiu um corregedor responsável por investigações antimáfia no tribunal de Régio da Calábria e, em janeiro de 2010, solicitou transferência para a Calábria, no sul, onde poderia se unir a outros investigadores e levantar mais informações para desbaratar o grupo criminoso. Ela logo concluiria que a chave para minar a organização era converter as mulheres em colaboradoras, com o argumento de que aquela era a única maneira de salvarem os filhos. Cerreti ainda não fazia ideia do quanto esse trabalho seria difícil e perigoso.

Conseguir confissão de uma pessoa que tem a vida e a identidade entrelaçadas com o submundo do crime é dificílimo. Na máfia, as mulheres sofrem lavagem cerebral desde pequenas. Convencê-las de que outra vida é possível exige um tipo especial de persuasão. Segundo Cerreti, ter crescido na área facilitou demais o diálogo com essas mulheres, pois era capaz de compreender a mentalidade e a falta de opção. "Diante da pobreza incapacitante", diz, "a máfia não tem dificuldade em encontrar trabalho para mãos ociosas."

Embora organizações como a 'Ndrangheta, a Cosa Nostra e até a Camorra tenham estendido suas operações para o norte da Itália, o poder delas ainda se concentra nas regiões empobrecidas do sul. Às vezes, em meio ao desalento, surgem, nesses locais, histórias de imensa coragem e esperança como a de Piera Aiello. Criada no interior da Sicília, tinha 14 anos quando conheceu Nicolò Atria. Era a década de 1980, e ela não sabia que o rapaz era filho de Vito Atria, chefão da Cosa Nostra. O *don* adorava Piera e decidiu casá-la com Nicolò, embora fossem muito jovens. A menina não compreendia totalmente o prestígio do jovem namorado na comunidade local, porém sabia que não era como os outros, pois era respeitado por gente bem mais velha que ele.

Foi em 2018 que ouvi a história contada pela própria mulher, que tinha acabado de conquistar um assento no parlamento. Ela narrou uma briga com Nicolò que a levou a romper o namoro, e a visita que recebeu do sogro depois, com um ultimato: ou se casava com seu filho, ou os pais dela morriam. Ela não teve escolha. Aos 18 anos, os dois se casaram.

O casamento começou mal. O marido era temperamental; não passava um dia sem que perdesse o controle e espancasse a esposa. Obrigou Piera a servir mesas na pizzaria da família. Família essa que mudou drasticamente apenas oito dias após o casamento. Vito foi morto por um pistoleiro, deixando Nicolò com mais poder e, também, a determinação de vingar a morte do pai. "Ele jurou matar os responsáveis", lembrou Piera.

Chegou um momento em que Nicolò quis um filho, mas Piera não o amava e tomava anticoncepcional escondido. Quando o marido descobriu, foi espancada ainda mais violentamente que de costume, obrigada a suspender a pílula e estuprada repetidas vezes até engravidar. Tiveram uma filha chamada Vita, que nasceu logo depois de Piera ser reprovada em uma prova de concurso para se tornar policial — quando polícia e máfia ainda jogavam em times diferentes. A traição enfureceu Nicolò ainda mais. Como ela ousava abraçar o inimigo com um filho dele na barriga? Ela me contou que "quando encontrava drogas, jogava fora" e que "vivia apanhando por causa disso". Chegou a levar chutes na barriga e quase perdeu o bebê aos oito meses de gravidez. "Tive que aprender a atirar e fui obrigada a ter arma em casa", disse.

Conseguir confissão de uma pessoa que tem a vida e a identidade entrelaçadas com o submundo do crime é dificílimo. Na máfia, as mulheres sofrem lavagem cerebral desde pequenas. Convencê-las de que outra vida é possível exige um tipo especial de persuasão.

Em 24 de junho de 1991, homens armados invadiram a pizzaria e descarregaram toda a munição em Nicolò, que morreu na hora. "Meu rosto ficou coberto com o sangue do meu marido", Piera falou. "Odiava Nicolò, mas senti pena. Era um garoto ainda, tinha só 27 anos, e foi morto como um animal."

No dia seguinte, ela e a cunhada, Rita, foram à polícia dispostas a colaborar nas investigações antimáfia. Serviram de testemunhas para o juiz Paolo Borsellino até o ano seguinte, quando ele foi morto por um carro-bomba. Rita cometeu suicídio uma semana depois e Piera entrou com a filha no programa de proteção a testemunhas. Mãe e filha ficaram escondidas até 2018. Ressurgida como candidata ao parlamento pelo Movimento 5 Stelle, ela não mostrou a cara até ser eleita com uma vitória folgada. Empossada até 2022, ganhou escolta policial e mudou o nome oficialmente para Piera Aiello, seu nome de solteira.

Nos 28 anos que ficou com a filha sob proteção do Estado, ela se casou e teve mais três filhas.

Piera já não integra o Movimento 5 Stelle e está filiada a outro partido, porém continua influente. Deu contribuições à legislação antimáfia e trabalha para melhorar a qualidade de vida das testemunhas que precisam de proteção e que, muitas vezes, são ouvidas e abandonadas em seguida. "Vivi por muitos anos em um mundo de mentiras", declarou. "A máfia é um mundo de trapaça e mentira. Não consegui sair da mentira porque fui forçada a adotar uma identidade dupla e viver escondida. Hoje eu não suporto mentira, por menor que ela seja."

Por muito tempo ela exerceu o cargo de presidenta da associação antimáfia chamada Rita, que ajuda mulheres a encontrarem força para deixarem as famílias do crime, apesar dos riscos envolvidos. Por sua coragem, em 2019, Piera foi eleita pela BBC como uma das cem mulheres mais influentes do mundo.

No combate à máfia, nem todos os heróis vêm de dentro. Um exemplo é a fotojornalista siciliana Letizia Battaglia. Uma oitentona de cabelos ruivos e fumante inveterada, ela descreve seus arquivos de negativos fotográficos com o registro de crimes da máfia como "banhados de sangue". Depois de anos cobrindo o tema, dedicou a maior parte de seu tempo à curadoria de exposições e palestras discorrendo a respeito dos danos que a máfia infligiu ao país. Letizia foi minha entrevistada e a ouvi falar de suas experiências em Roma e Palermo, locais onde goza de um prestígio semelhante ao que é devotado às mulheres mafiosas. A cada conversa, descortinava um pouquinho mais a respeito de como era a rotina de uma mulher cobrindo os crimes mais sangrentos da história da máfia siciliana durante os anos 1970 e 1980. "O telefone tocava, eu subia na minha Vespa e ia embora", me disse uma vez. "Não fazia ideia de onde estava me metendo, mas sabia que boa coisa não era."

Acostumou-se a receber ameaças esporádicas quando fotografava criminosos no tribunal e eles apareciam estampados nas capas dos jornais locais. Os chefões, porém, não a levavam a sério. "Não tinham medo de mim. Eu e minha camerazinha não éramos uma ameaça. Quando abriram o olho, já era tarde demais."

Depois que a carreira de Letizia decolou e seu nome ganhou projeção, volta e meia recebia ligações com ameaças sussurradas ou o pneu de seu carro furava sem explicação, e ela não tinha dúvida de que era um aviso. Mesmo assim, não deu muita importância e continuou tirando fotos dos criminosos chegando ao tribunal, dos caixões e das viúvas em prantos ou das mães das vítimas. Acontece que as fotos também comprometiam políticos e empresários, que eram flagrados no local do crime ou em funerais da máfia. Não era incomum que fosse intimada por agentes antimáfia a entregar fotos relevadoras para alguma investigação.

"Dentro da sala de audiência, as mulheres nunca ficavam na fileira da frente, mas sempre estavam lá, passando recados e lançando olhares enigmáticos", disse Letizia, lembrando uma sessão específica de julgamento em que vários homens ocupavam o banco dos réus, mas a ação acontecia mesmo na galeria do tribunal, porque era ali que a máfia fazia acordos e forjava alianças. Os homens olhavam para o público e davam sinais com gestos sutis, como levantar o ombro esquerdo enquanto miravam os sapatos. "As mulheres compreendiam perfeitamente as mensagens e saíam. Dali a um ou dois dias, eu estava cobrindo outro assassinato."

Na opinião de Letizia, a máfia arruinou o país. "Éramos como um país em guerra", me disse. "Mas não uma guerra civil. Era o bem contra o mal, e era sangrento."

A fotógrafa também não nutre esperanças de que a máfia seja erradicada da Itália. "Já faz parte da sociedade", afirma. "Atirar e matar não adianta mais. Eles se infiltraram nos governos, nas empresas de sucesso... nem dá mais para separar os mocinhos dos bandidos. Antes [quando os crimes eram mais ostensivos], pelo menos era mais fácil."*

A repórter Federica Angeli, que cobre a máfia para o *La Repubblica* de Roma, contribuiu de maneira decisiva para expor os negócios da família Casamonica. Como resultado, é ameaçada de morte e tem escolta policial em tempo integral desde 2013, quando a polícia descobriu que a poderosa família Spada, de Óstia, planejava matá-la.

---

* Letizia Battaglia morreu aos 87 anos, em abril de 2022. [NE]

Confiante, Federica vê no complô um incentivo, e, na caneta, um poderoso escudo. É figura constante na televisão italiana como comentarista, e seus furos dão o tom para o restante da mídia quando o assunto é Casamonica ou Spada. Em sua bio no Twitter, publica as últimas ameaças que recebe. "Se você escrever, atiro na sua cabeça", escreveu recentemente. "Você nunca vai vencer", dizia um aviso assinado pela "máfia de Óstia".

O popular livro de Federica, *A Mano Disarmata* [À mão desarmada], de 2013, virou um filme de assombrosa honestidade. Ela é casada e mãe de dois filhos, o que adiciona uma camada extra de complexidade a seus desafios, uma vez que ela insiste que as crianças estejam seguras e levem uma vida normal. O filme retrata a luta da repórter dentro da própria família, inclusive momentos tensos com o marido, que tenta dissuadi-la de investigar a máfia "pela segurança dos filhos". Ela não cedeu, convicta de que era seu chamado de vida desmantelar o grupo criminoso contra o qual testemunhou pela primeira vez em 2018.

A história de Federica é fascinante. Como mulher, nutre empatia pelas mulheres da máfia e entende bem as lutas de poder dentro da dinâmica familiar e das organizações.

O jornalismo na Itália, assim como a máfia e a Igreja, desnuda o que as estruturas patriarcais têm de pior. Federica ouviu até dos chefes que, apesar de seu dom inigualável para contar histórias, talvez fosse melhor ficar em casa para não arruinar o casamento ou deixar os filhos sem a mãe. Ainda assim, ela se manteve firme, e seu trabalho jornalístico para expor a máfia continua muito relevante. Ela tem plena consciência de que, para o crime, sua vida é tão descartável quanto a dos indivíduos que retrata em suas matérias.

Assim como Federica Angeli, outras repórteres também se recusam a ser silenciadas. Maria Luisa Mastrogiovanni, que já escreveu sobre as gangues da Apúlia, recebeu várias ameaças por seu trabalho pioneiro mostrando como a Sacra Corona se infiltrou no governo local. Nunca ficou claro se quem tentava calá-la era o grupo criminoso ou os dirigentes corruptos, mas o fato é que os filhos pequenos de Mastrogiovanni foram ameaçados dentro da escola. Para a segurança dela própria e da família, acabou deixando a região, porém seguiu denunciando o crime organizado. "Deixei minha casa em Casarano para resguardar meu marido e meus filhos, porque nunca estaria protegida o suficiente de um ataque", disse ao Repórteres sem Fronteiras. "Não tem policial suficiente para combater a máfia e defender os jornalistas que cobrem o assunto."

A jornalista Marilena Natale, que mora e trabalha em Caserta, no coração do território camorrista, recebeu escolta policial após os agentes ouvirem membros do clã discutindo formas de silenciá-la. Depois de um tempo, abriu mão da proteção pois temia pela vida de seus seguranças. "Se a Camorra me matar, não é justo que meus guarda-costas morram comigo", disse à *Women's News Network*. "Não escolhi ser jornalista investigadora. Fui arrastada pelos acontecimentos. Quando comecei a investigar e vi a injustiça com meus próprios olhos, meu impulso era saber mais e contar tudo que descobrisse aos meus leitores."

Mais de mil jornalistas na Itália já foram ameaçados de morte pelos diversos grupos do crime organizado que atuam no país. Apenas 15% são mulheres, o que exalta a predominância dos homens no jornalismo investigativo, reforçada ainda por editores que subestimam as jornalistas, receosos de que não estejam à altura do trabalho. Mesmo assim, é crescente o número de mulheres na profissão que arriscam a vida para expor o ventre podre do país.

Embora este livro seja sobre mulheres que fazem parte da máfia, os exemplos representativos das que combatem o crime organizado são poucos, e não por acaso. A imprensa está sempre disposta a entreter os caprichos das "mulheres da máfia" e lhes dá uma plataforma para denunciar a "perseguição injusta" e as "leis arcaicas" que explicariam seus problemas legais. Escrever sobre essas mulheres e glamorizar suas vidas é algo que sempre rende cliques. O raro heroísmo de uma promotora ou jornalista que arrisca a pele combatendo a máfia é bem menos sexy.

Pupetta se dirigiu pessoalmente à imprensa incontáveis vezes. Chegou a organizar duas coletivas: uma para desafiar a NCO de Raffaele Cutolo e outra para defender a inocência do irmão Ciro. Nesta última, adotou um visual abertamente provocativo, vestindo couro e pele animal, sabendo que, assim, prenderia a atenção da imprensa e garantiria a cobertura, não importava o que dissesse. Pupetta tinha consciência da aura mística que envolvia as "mafiosas" e sabia tirar proveito disso. Era o que fazia com a mídia. Após a curta coletiva em defesa do irmão — cúmplice de seu primeiro assassinato —, bajulou os jornalistas na esperança de que dissessem coisas favoráveis a seu respeito. De modo previsível, a imprensa focou em sua roupa e seu comportamento hiperssexualizado. Apesar disso, foi capa de todos os jornais italianos na época, o que se repetiu quando morreu.

É fácil culpar as mulheres da máfia por normalizarem a criminalidade e tirarem vantagem do indiscutível fascínio da sociedade pelo tema. Porém, enquanto estive sentada com cada entrevistada, hipnotizada pelos detalhes que me contavam, e entusiasmada em relatar cada experiência, achei difícil responsabilizar alguém pela romantização da máfia.

Mais de mil jornalistas na Itália já foram ameaçados de morte pelos diversos grupos do crime organizado que atuam no país. Apenas 15% são mulheres [...]

Pouco antes da morte de Pupetta, tentei contatá-la outra vez. Queria marcar um último encontro e experimentar de novo aquela maravilhosa sensação de perigo e excitação. No entanto ela havia sumido. O número de telefone que tinha anotado estava desativado. Liguei para uma fonte da polícia, que me disse que sua última informação era de que Pupetta estava em uma casa de repouso, o que não fazia sentido, já que, na Itália, são os filhos que cuidam dos pais idosos. Na verdade, essa era só mais uma invenção que convinha às circunstâncias. A carta que ela escreveu pedindo ajuda para empregar o filho nos negócios da Camorra estava, agora, no centro de uma investigação que, obviamente, não avançaria muito caso fosse considerada incapaz. Imaginei que estivesse escondida, quem sabe em Sorrento, onde ainda tinha casa.

Contudo, menos de dois meses após minha tentativa fracassada de contato, ela morreu em casa durante o sono. Onde quer que tenha estado, deu seu último suspiro no apartamento onde a conheci. Tive curiosidade de saber com que roupa foi enterrada. Gosto de imaginar que alguém a vestiu com uma blusa decotada com estampa de oncinha e gargantilha, puxou seu cabelo para trás e ajeitou sua boca em um sorriso estilo *Mona Lisa*. Quero me lembrar dela assim e tenho certeza de que também é assim que ela gostaria de ser lembrada.

Sob qualquer ângulo, Pupetta dificilmente poderia ser descrita como uma boa pessoa. Estava envolvida em uma indústria criminosa que arruína milhares de vidas a cada ano. Apesar disso era uma mulher esplêndida, inteligente e corajosa — para o bem e para o mal —, que se fez sozinha, sendo amada por muitos, mesmo com seus claros defeitos. Era também incrivelmente leal à Camorra, mãe amorosa (apesar de nunca ter vingado a morte do filho), esposa dedicada (se é que ser cúmplice de assassinato serve de parâmetro) e modelo para centenas de mulheres da máfia. Sei que não deveria, mas a admiro — como a muitas italianas — por ter achado um jeito de contornar os obstáculos dessa sociedade machista e ainda sair por cima.

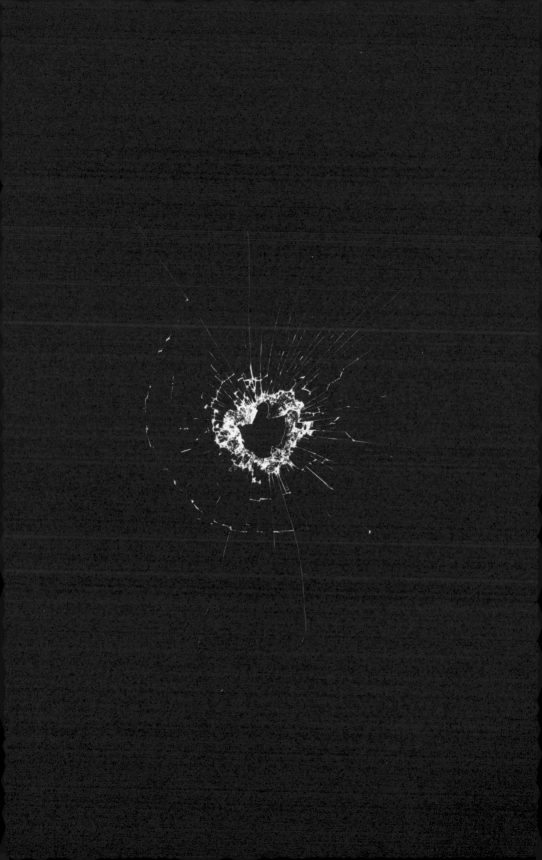

Agradecimentos

O flagelo do crime organizado no meu país adotivo não pode ser subestimado. A cultura popular romantizou a máfia italiana durante décadas, o que tornou aceitável um fenômeno que arruína vidas e economias locais todos os dias. Este livro não busca glorificar o crime, mesmo ao mergulhar nas histórias de mulheres que, por não ter escolha, continuam aprisionadas às suas famílias criminosas.

Em primeiro lugar, agradeço às mulheres aqui retratadas por confiarem em mim — se é que confiam plenamente em alguém — e me contarem suas histórias, apesar de serem tão trágicas. Colocadas na linha de fogo, pertencem às famílias criminosas desde o berço ou o altar. Costuma-se dizer que só se sai dessas famílias em uma viatura ou no caixão, e eu jamais subestimarei a difícil situação dessas mulheres.

Agradeço especialmente a Pupetta por me permitir um vislumbre de seu mundo complicado, entre xícaras de café e boas piadas, apesar do (às vezes desconcertante) humor ácido. Receei que não fosse gostar deste livro tanto quanto desejei poder entregar a ela um exemplar autografado. O fato de ter sido a primeira mulher mafiosa despojada de funeral público me provou que concentrei este projeto na pessoa certa.

A parte mais difícil de escrever este livro foi ter gostado tanto de todas as pessoas que conheci. Às vezes, fico pensando quem seriam elas se não fossem predestinadas a uma vida no crime, e o que qualquer um de nós faria no seu lugar.

São muitas as pessoas às quais não posso agradecer pelo nome, já que isso as colocaria em perigo, mas este livro nunca poderia ter sido escrito sem a colaboração de juízes, policiais, advogados e ativistas que trabalharam em nome de mulheres da máfia e contra os crimes imperdoáveis que cometeram.

Também agradeço a Felia Allum e Clare Longrigg, que fizeram um estupendo trabalho de pesquisa acerca do tema e prepararam o caminho para que eu compreendesse bem melhor o assunto antes de começar minha própria pesquisa.

Este livro não seria possível sem o total apoio da minha agente e amiga, Vicki Satlow, com quem consumi horas e garrafas de *prosecco* discutindo este projeto. A aposta dela neste livro, o empenho em vê-lo impresso, e o suporte no processo de escrita foram inigualáveis.

Craig Pyette, editor da Random House Canada, não só me inspirou a escrever melhor, como também me ensinou muito sobre o que faz um livro ser bom. O profundo cuidado que dedicou a este projeto me tornou uma escritora melhor em vários sentidos. Não tenho palavras para agradecê-lo por sua obsessão com o tema, profissionalismo e estímulo que me deu para fazer mais do que eu faria por conta própria. Obrigada também à fantástica equipe da Penguin Random House pelo entusiasmo, a capa fabulosa e o contínuo apoio para tornar este projeto o melhor que poderia ser.

Obrigada a Erin Friar McDermott, minha cúmplice, amiga e editora do *The Daily Beast*, que se debruçou mais de uma vez sobre o original para aperfeiçoá-lo e nunca se recusou a responder às minhas perguntas ridículas. Também sou eternamente grata a minha irmã, Sherri Latza Stekl, que leu o original tantas vezes que deve tê-lo decorado, e cuja honestidade brutal sempre me ajudou tanto. Não há ninguém cuja honesta opinião eu confie mais.

Obrigada aos meus editores do *The Daily Beast*, que me dão espaço para escrever a respeito do crime organizado e me apoiam em projetos externos, em especial Katie Baker, Tracy Connor, Nico Hines, e meu falecido amigo Chris Dickey, que se foi cedo demais, em julho de 2020, e a quem este livro é dedicado. Também agradeço aos meus colegas da CNN, que sempre incentivaram meus projetos.

A meus filhos, Nicholas e Matthew, que sempre se importaram com meu trabalho e poucas vezes tanto quanto o fizeram em relação a este projeto. Agradeço a eles por terem renunciado tanto do tempo que deveríamos ter passado juntos para me ajudar a perseguir minhas metas jornalísticas — não só agora, mas por toda a vida deles. Eles contribuíram mais do que ninguém para o sucesso da minha carreira, e, embora nunca seja possível devolver o tempo, sinto orgulho dos jovens que eles são.

Por fim, jamais poderia realizar meus sonhos profissionais sem amigos tão maravilhosos, entre eles os membros do Cocktail Philosophy Club, meus amigos jornalistas e os vários companheiros sentimentais em minha vida no decorrer deste projeto, que me proporcionaram valiosa inspiração.

Referências

Nota da Autora

1. Longrigg, Clare. *Mafia Women*. Londres: Vintage, 1998.

1. Na Cozinha de Pupetta

1. Allum, Felia. *The Invisible Camorra: Neapolitan Crime Families Across Europe*. Ithaca, NY: Cornell University Press, 2016.

2. Nadeau, Barbie Latza. "Italy's Triangle of Death: Naples Residents Blame Child Cancer Rates on Mob Disposal of Toxic Chemicals". In: *The Daily Beast*, 21 nov. 2013. Disponível em: https://www.thedailybeast.com/italys-triangle-of-death-naples-residents-blame-child-cancer-rates-on-mob-disposal-of-toxic-chemicals (Acesso em 27/05/23).

3. Deaglio, Enrico. *Patriot 1978-2010*. Milão: Il Saggiatore SPA, 2010.

4. Allum. *The Invisible Camorra*.

5. Longrigg, Clare. *Mafia Women*. Londres: Vintage, 1998.

6. "'Diletto per amore!' sostiene la difesa di Pupetta Maresca". In: *Corriere Della Sera*, 4-5 abr. 1959. Disponível em: https://archivio.corriere.it/Archivio/interface/view.shtml#!/MjovZXMvaXQvcmNzZG-FoaWRhY2kxLoA₃MDYiNw%₃D%3D

7. "Pupetta sotto l'acusa 'aggredisce' la corte". In: *Corriere Della Sera*, maio 1959. Disponível em: https://archivio.corriere.it/Archivio/interface/view.shtml#!/MzovZXMvaXQvcmNzZG-FoaWRhY2kxLoA20TcoMw%₃D%₃D

8. Hofmann, Paul. "'Crimes of Honor' Debated by Italy; Trial of Woman in Naples for Murder of Husband's Rival Stirs Nation". In: *The New York Times*, 7 abr. 1959.

9. Código Penal Italiano.

10. Nadeau, Barbie Latza. "Coronavirus Puts Italy's Most Vicious Mobsters Back on the Street". In: *The Daily Beast*, 24 abr. 2020. Disponível em: https://www.thedailybeast.com/coronavirus-puts-italys-most-vicious-mobsters-back-on-the-street (Acesso em 27/05/23).

2. Na Escola do Crime

1. Allum, Felia; Marchi, Irene. "Analyzing the Role of Women in Italian Mafias: The Case of the Neapolitan Camorra". In: *Qualitative Sociology*, vol. 41, 2018, p. 361-380. Disponível em: https://doi.org/10.1007/s11133-018-9389-8 (Acesso em 27/05/23).

2. Marzullo, Rosella. "Mafia Children: From Future to Past. Knowing Other Realities to Learn Freedom". In: *Review of Social Studies (RoSS)*, vol. 3, n. 2 (Outono de 2016).

3. Ingrasci, Ombretta. "Women in the 'Ndrangheta: The Serraino-Di Giovine Case". In: *Women and the*

Mafia: Female Roles in Organised Crime Structures, ed. Giovanni Fiandaca. Nova York: Springer, 2010, p. 47-52.

4. **Longrigg, Clare.** *Mafia Women.* Londres: Vintage, 1998.

3. Os Bravos e as Mansas

1. **Nadeau, Barbie Latza.** "Family of Most Dangerous Mafia Turncoat Ever Comes Out of Hiding: 'Just a Call Would Kill Us All'". In: *The Daily Beast*, 15 jun. 2019. Disponível em: https://www.thedailybeast.com/family-of-most-dangerous-mafia-turncoat-tommaso-buscetta-comes-out-of-hiding-just-a-call-would-kill-us-all (Acesso em 27/05/23).

2. **Dickie, John.** *Blood Brotherhoods: A History of Italy's Three Mafia.* Nova York: PublicAffairs, 2014.

3. **Allum, Felia.** "Doing It for Themselves or Standing in for Their Men? Women in the Neapolitan Camorra (1950-2003)". In: *Women and the Mafia: Female Roles in Organised Crime Structures*, ed. Giovanni Fiandaca. Nova York: Springer, 2010, p. 9-17.

4. **Dickie.** *Blood Brotherhoods.*

5. **Nadeau, Barbie Latza.** "Mobster Madonnas: The Rise of Women in Sicily's Mafia". In: *The Daily Beast*, 17 dez. 2017. Disponível em: https://www.thedailybeast.com/mobster-madonnas-the-rise-of-women-in-sicilys-mafia?ref=author (Acesso em 27/05/23).

6. **Nadeau, Barbie Latza.** *Roadmap to Hell: Sex, Drugs and Guns on the Mafia Coast.* Londres: Oneworld Publications, 2018.

7. "Poliziotte in bikini arrestano una capoclan della Camorra". In: *La Repubblica*, 29 ago. 2000. Disponível em: https://www.repubblica.it/online/cronaca/bossa/bossa/bossa.html (Acesso em 27/05/23).

4. Sexo, Honra & Morte

1. "La Arcuri e Pupetta Maresca Quella vera: 'Ha la mia tempra'". In: *Il Giornale di Vicenza Cultura*, 4 jun. 2013. Disponível em: https://www.ilgiornaledivicenza.it/argomenti/cultura/la-arcuri-%-C3%A8-pupetta-maresca-quella-vera-ha-la-mia-tempra-1.331057.

2. **Di Maria Franco; Lo Verso, Girolamo.** "Women in Mafia Organizations". In: *Women and the Mafia: Female Roles in Organized Crime Structures*, ed. Giovanni Fiandaca. Nova York: Springer, 2010), p. 90.

3. **Ursetta, Umberto.** *Vittime e Ribelli: Donne di 'Ndrangheta da Lea Garofalo a Giuseppina Pesce.* Cosença, Itália: Luigi Pellegrini Editore, 2016.

4. **Nadeau, Barbie Latza.** "Bunga-Bunga Nation: Berlusconi's Italy Hurts Women". In: *Newsweek*, 15 nov. 2010. Disponível em: https://www.newsweek.com/bunga-bunga-nation-berlusconis-italy-hurts-women-69733 (Acesso em 27/05/23).

5. **Finelli, Claudio.** "Gay nei clan, il racconto di Saviano: 'Per i boss sono una vergogna'". In: *Arcigay*, 16 nov. 2016. Disponível em: https://www.arcigay.it/en/articoli/gay-nei-clan-il-racconto-di-saviano-per-i-boss-sono-una-vergogna/#.Ya5FslMo-Bs (Acesso em 27/05/23).

6. "Secondigliano, arrestato 'Ketty': Il trans a capo degli scissionisti". In: *La Repubblica Napoli*, 12 fev. 2009. Disponível em:

https://napoli.repubblica.it/dettaglio/secondigliano-arrestato--ketty:-il-trans-a-capo-degli-scissionisti/1589581 (Acesso em 27/05/23).

7. "Bacio camorrista fuori alia questura". In: *Corriere del Mezzogiorno*, 9 jun. 2011. Disponível em: https://corrieredelmezzogiorno.corriere.it/napoli/notizie/cronaca/2011/8-giugno-2011/latitante-una-villa-camaldoliarrestato-reggente-clan-amato-i9o82ii45i24.shtml. (Acesso em 27/05/23 — Inativo)

5. Até que a Morte nos Separe

1. Nadeau, Barbie Latza. "The Boss of Bosses Dies. Will Sicily's Mafia Turn to the U.S. for Leadership?". In: *The Daily Beast*, 18 nov. 2017. Disponível em: https://www.thedailybeast.com/the-boss-of-bosses-dies-will-sicilys-mafia-turn-to-the-us-for-leadership (Acesso em 27/05/23).

2. "Italian mafia boss Bernardo Provenzano, 83, dies in jail". In: BBC, 13 jul. 2016. Disponível em: https://www.bbc.com/news/world-europe-36782555 (Acesso em 27/05/23).

3. Bolzoni, Attilio; Viviano, Francesco. "Mio marito capo dei capi? No, Provenzano è una vittima". In: *La Repubblica*, 13 dez. 2000. Disponível em: https://www.repubblica.it/online/cronaca/riina/provenzano/provenzano.html (Acesso em 27/05/23).

4. Bodrero, Lorenzo. "The Rise and Fall of Mafia Women". *Organized Crime and Corruption Reporting Project*, 26 abr. 2019. Disponível em: https://www.occrp.org/en/blog/9642-the--rise-and-fall-of-mafia-women.

5. Bodrero. "The Rise and Fall of Mafia Women".

6. *Organized Crime and the Legal Economy: The Italian Case*. Turim, Itália: United Nations Interregional Crime and Justice Research Institute, 2016. Disponível em: http://unicri.it/sites/default/files/2021-06/UNICRI_Organized_Crime_and_Legal_Economy_report.pdf (Acesso em 27/05/23).

7. Allum, Felia. "Doing It for Themselves or Standing in for Their Men? Women in the Neapolitan Camorra (1950-2003)". In: *Women and the Mafia: Female Roles in Organized Crime Structures*, ed. Giovanni Fiandaca. Nova York: Springer, 2010, p. 14.

8. Massari, Monica; Motta, Cataldo. "Women in the Sacra Corona Unita". In: *Women and the Mafia: Female Roles in Organized Crime Structures*, ed. Giovanni Fiandaca. Nova York: Springer, 2010, p. 63.

6. Pais Tóxicos

1. Anesi, Cecilia; Rubino, Giulio. "For Love or Money: An 'Ndrangheta Daughter on West Africa's Cocaine Trail". In: *Organized Crime and Corruption Reporting Project*, 13 nov. 2017. Disponível em: https://www.occrp.org/en/28-ccwatch/cc-watch-indepth/7249-for-love-or-money-an-ndrangheta--daughter-on-west-africa-s-cocaine-trail (Acesso em 27/05/23).

2. Anesi; Rubino. "For Love or Money".

3. Raytodd2017. "Global Web of Firms for Fraudsters Created by British Company Formations Flouse". Disponível em: https://raytodd.blog/2019/12/04/global-web-of-firms-for-fraudsters--created-by-british-company-formations-house/ (Acesso em 27/05/23).

4. Nadeau, Barbie; Aarthun, Sarah. "'Unimaginable': Italy mourns 3-Year-Old

Killed in Suspected Mafia Hit". In: CNN, 21 jun. 2014. Disponível em: https://edition.cnn.com/2014/01/29/world/europe/italy-child-mafia-hit/index.html (Acesso em 27/05/23).

5. Euronews. "Mafia Initiation Ritual Caught on Tape: Chilling 'Poison' Oath". Disponível em: https://www.youtube.com/watch?v=Tod7Ct9_icE (Acesso em 27/05/23).

6. Pianigiani, Gaia. "Breaking Up the Family as a Way to Break Up the Mob". In: *The New York Times*, 10 fev. 2017. Disponível em: https://www.nytimes.com/2017/02/10/world/europe/breaking-up-the-family-as-a--way-to-break-up-the-mob.html.

7. Código Civil Italiano, Art. 315-b.

7. Drogas, Armas & Ácido

1. La7 Attualità. "Vittorio Casamonica Canta 'My Way'". Disponível em: https://www.youtube.com/watch?v=-FLpjn9rLG80 (Acesso em 27/05/23).

8. O Pecado da Confissão

1. Scribani, Elio. "Tagliai io la testa a Semerari aveva tradito un nostro accordo". In: *La Repubblica*, 25 maio 2010. Disponível em: https://napoli.repubblica.it/cronaca/2010/05/25/news/boss_ammaturo-4312237/.

2. Puglisi, Anna. *Donne, mafia e antimafia*. Trápani, Sicília: Di Girolamo Editore, 2012.

3. Pickering-Iazzi, Robin. *The Mafia in Italian Lives and Literature: Life Sentences and Their Geographies*. Toronto: University of Toronto Press, 2015.

4. Borromeo, Beatrice. "Parla 'Mamma eroina', ergastolo per mafia: 'Portai io la 'Ndrangheta al Nord'". In: *Il Fatto Quotidiano*, 6 mar. 2015. Disponível em: https://www.ilfattoquotidiano.it/2015/03/06/parla-mamma-eroina-delle-prime-donne-lergastolo-per-mafia-ndrangheta-nord-portai/1483497/ (Acesso em 27/05/23).

5. Ingrasci, Ombretta. "Women in the 'Ndrangheta: The Serraino-Di Giovine Case". In: *Women and the Mafia: Female Roles in Organised Crime Structures*, ed. Giovanni Fiandaca. Nova York: Springer, 2010, p. 51.

6. Abbate, Lirio. "Calabria, la strage delle donne". In: *L'Espresso*, 24 jul. 2012. Disponível em: https://espresso.repubblica.it/attualita/cronaca/2012/07/24/news/calabria-la-strage-delle-donne-1.45133/

7. Nadeau, Barbie Latza. "Italian Mob Trades Weapons for Looted Art from ISIS in Libya". In: *The Daily Beast*, 18 out. 2016. Disponível em: https://www.thedailybeast.com/italian-mob-trades-weapons-for-looted-art-from-isis-in-libya (Acesso em 27/05/23).

8. Ciappina, Natale. "Palmi, storia d'amore e di 'Ndrangheta". In: *Magazine.it*, 22 fev. 2021. Disponível em: https://www.magzine.it/rossella-casini-40-anni-fa/

9. A Fuga Mortal

1. Nadeau, Barbie Latza. "Inside Europe's Heroin Capital". In: *Newsweek*, 12 dez. 2008. Disponível em: https://www.newsweek.com/inside-europes-heroin--capital-82831 (Acesso em 27/05/23).

2. Testemunho de Salvatore Cortese, informante que dividiu cela com Carlo Cosco.

Crime Scene

A Poderosa Chefona
e outras mafiosas

Movies
CINEMATOGRAFIA MAFIOSA

Crime Scene Movies

CINEMATOGRAFIA MAFIOSA

A Poderosa Chefona
E OUTRAS MAFIOSAS

01.

A Provocação
La Sfida, filme de Francesco Rosi, 1958
#filme #baseadoemfatos #drama

Dirigido por Francesco Rosi, com roteiro de Rosi, Suso Cecchi D'Amico e Enzo Provenzale, a história acompanha Vito Polara (José Suárez), um jovem ambicioso das periferias de Nápoles, que se torna membro da gangue do chefe do crime local. A vida de Vito muda, e ele se casa com Assunta (Rosanna Schiaffino) — entretanto, é na festa de casamento que Vito descobrirá o verdadeiro chefe do local. A história é livremente baseada na vida de Pascalone e Pupetta Maresca.

Blondie Johnson

Blondie Johnson, filme de Ray Enright e Lucien Hubbard, 1933
#filme #ficção #drama

Dirigido por Ray Enright e Lucien Hubbard, com roteiro de Earl Baldwin, esta produção da Warner Bros pré-código Hayes se passa durante a Grande Depressão e acompanha a jovem Blondie Johnson (Joan Blondell) que pede demissão após ser assediada por seu chefe. Passando por maus momentos e após ter perdido sua mãe, Blondie decide se tornar rica a qualquer custo. Quando entra para uma organização criminosa, não demora muito para se tornar a líder do grupo.

A Poderosa Chefona
E OUTRAS MAFIOSAS

A Rainha do Sul

Queen of South, série desenvolvida por M.A. Fortin e Joshua John Miller, 2016–2021
#série #ficção #drama

Teresa (Alice Braga) abandona o México e parte para os Estados Unidos depois de descobrir que seu namorado foi morto. Ela se estabelece em organizações criminosas e, após um tempo, começa a fazer sucesso. Seu plano é se tornar a maior narcotraficante para vingar a morte de seu namorado. Adaptação do livro *La Reina del Sur*, do autor espanhol Arturo Pérez-Reverte, que também já foi adaptada como novela pela Telemundo, a produção conta com cinco temporadas, com 62 episódios de 42 minutos cada.

A Poderosa Chefona
E OUTRAS MAFIOSAS

Rainhas do Crime

The Kitchen, filme de
Andrea Berloff, 2019
#filme #ficção #drama

Nos anos 1970, depois que seus maridos que fazem parte da máfia irlandesa de Hell's Kitchen são presos, suas esposas decidem tocar o negócio adiante. Dirigido por Andrea Berloff, com roteiro de Berloff, Ollie Masters e Ming Doyle, a produção conta com um elenco estelar: com Melissa McCarthy, Tiffany Haddish e Elisabeth Moss como as esposas, também tem nomes como Domhnall Gleeson e Margo Martindale.

05.

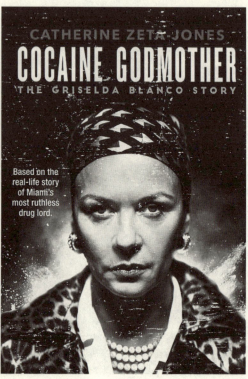

A Rainha da Cocaína

Cocaine Godmother, filme de Guillermo Navarro, 2017
#filme #baseadoemfatos #drama

Dirigido por Guillermo Navarro, com roteiro de David McKenna e Molly McAlpine, o filme acompanha a história real de Griselda Blanco (Catherine Zeta-Jones), uma das grandes mentes criminosas colombianas, chefe do tráfico de drogas e que, até onde se sabe, planejou mais de duzentos assassinatos.

A Poderosa Chefona
E OUTRAS MAFIOSAS

Haseena Parkar

Haseena Parkar, filme de Apoorva Lakhia, 2017 #filme #baseadoemfatos #drama

Dirigido por Apoorva Lakhia, com roteiro de Suresh Nair e Chintan Gandhi, o filme biográfico acompanha a história de Haseena Parker (Shraddha Kapoor), irmã de Dawood Ibrahim (Siddhanth Kapoor), um grande nome da máfia e do tráfico de drogas em Mumbai. Quando Dawood se encontra com problemas, é Haseena que passa a tomar conta dos negócios do irmão. Em seu julgamento, em 2007, ela foi acusada de mais de 80 casos de extorsão.

Fúria Feminina

Hai Phuong, filme de Le-Van Kiet, 2019
#filme #ficção #ação

Hai Phuong (Veronica Ngo), uma ex-gângster com um passado violento, deixou essa vida para trás depois que se tornou mãe. Entretanto, sua antiga vida bate à sua porta e sequestra sua filha, forçando Hai Phuong a retomar velhos hábitos que imaginava estarem para sempre enterrados. Produção vietnamita dirigida por Le-Van Kiet, que também assina o roteiro ao lado de Kay Nguyen e Nguyen Truong Nhan, o filme é aclamado principalmente por suas cenas de artes marciais.

A Poderosa Chefona
E OUTRAS MAFIOSAS

08.

Mães da Máfia

The Good Mothers, série dirigida por Julian Jarrold e Elisa Amoruso, 2023
#série #baseadoemfatos #drama

Nem todas as mulheres da máfia, entretanto, tiveram o papel de destaque como chefes do crime. Outras, preferiam não fazer parte das organizações. Na série *Mães da Máfia*, dirigida por Julian Jarrold e Elisa Amoruso, que foi adaptada do romance homônimo de Alex Perry e baseada em fatos, um grupo de mulheres de uma das máfias mais famosas da Itália, a 'Ndrangheta, se une a uma promotora para acabar com a organização a partir de dentro.

Griselda

Griselda, série dirigida por Andrés Baiz, 2024
#série #baseadoemfatos #drama #crime

Nem todas as mulheres que emergem no submundo do crime desempenham papéis de suporte ou tentam escapar desse mundo. Algumas, como Griselda Blanco, abraçam o poder com uma ferocidade sem igual. Em *Griselda*, série da Netflix dirigida por Andrés Baiz, o público é transportado para a vida real de uma das figuras mais temidas e icônicas do tráfico de drogas. Baseada em fatos e estrelada por Sofia Vergara, a série retrata a ascensão de Griselda Blanco, conhecida como a "Viúva Negra", que se tornou uma das chefes mais poderosas e cruéis do cartel de Medellín. Com uma mistura de inteligência, brutalidade e astúcia, Griselda construiu um império e revolucionou o papel das mulheres no mundo do crime, provando que o poder não tem gênero.

A Poderosa Chefona
E OUTRAS MAFIOSAS

10.

Os 5 de Chicago

Bloody Mama, filme de Roger Corman, 1970
#filme #baseadoemfatos #policial

Ma Barker foi uma notória criminosa dos Estados Unidos, ficando famosa na época conhecida como "Era dos Inimigos Públicos". Neste filme, acompanhamos Ma Barker (Shelley Winters) e sua gangue sádica e pervertida fazendo o possível e o impossível para manter o estilo de vida criminoso que levam. Dirigido por Roger Corman, com roteiro de Robert Thom e história de Don Peters, este foi um dos primeiros filmes de Robert De Niro.

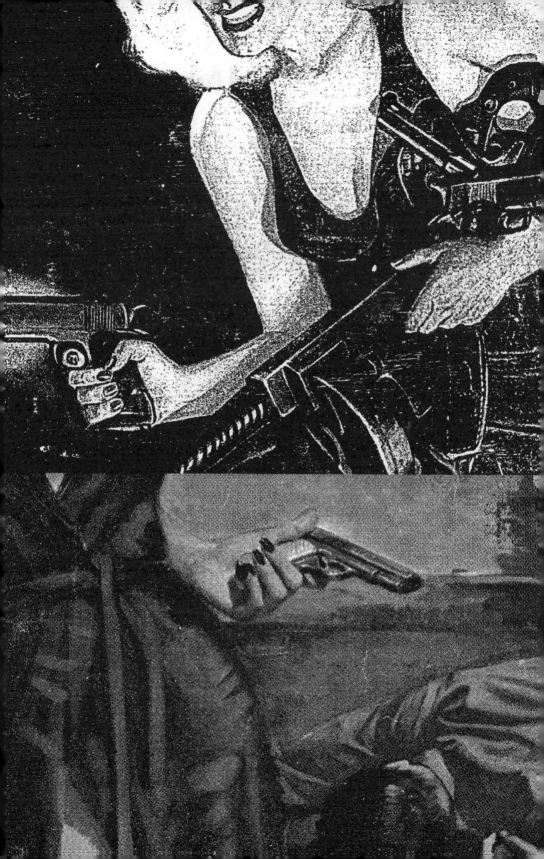

A Poderosa Chefona
E OUTRAS MAFIOSAS

Mafia Mamma: De Repente Criminosa

Mafia Mamma, filme de Catherine Hardwicke, 2023
#filme #ficção #comédia

Não é só de filmes sanguinários que vivem as mafiosas. Em *Mafia Mamma*, conhecemos Kristin (Toni Collette), uma mãe normal norte-americana que descobriu que herdou o império da máfia italiana de seu avô. Agora, para manter as expectativas, ela precisará lidar com essa situação absurda. Comédia dirigida por Catherine Hardwicke, o filme tem roteiro de Amanda Sthers, J. Michael Feldman e Debbie Jhoon, e conta com Monica Bellucci, Alessandro Bressanello no elenco.

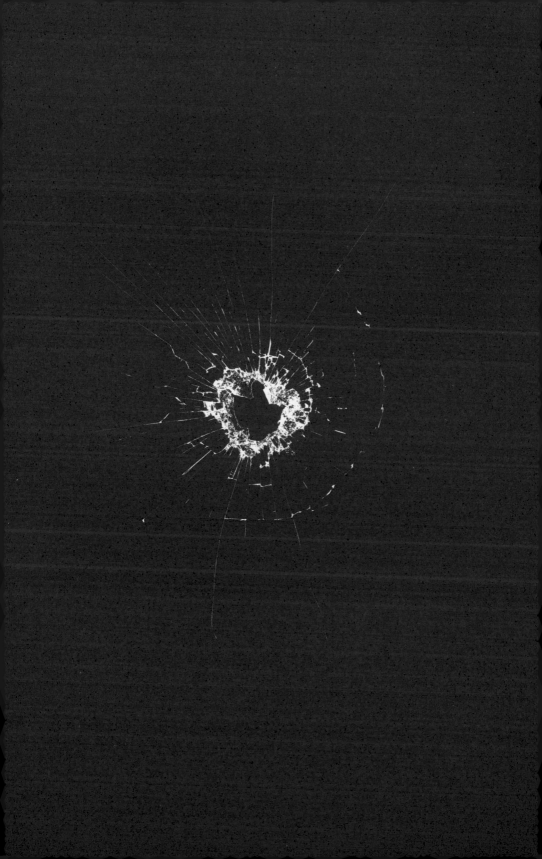

BARBIE LATZA NADEAU é jornalista e escritora. Nasceu nos Estados Unidos e mora em Roma desde 1996. Trabalhou como chefe do escritório de Roma da *Newsweek* e hoje exerce a mesma função no *The Daily Beast*. É colaboradora da CNN e escreve para *a Scientific American*. O primeiro livro de Nadeau, *Angel Face*, sobre o assassinato de Meredith Kercher e os julgamentos de Amanda Knox, foi adaptado para o cinema em 2011. Seu último livro, *Roadmap to Hell: Sex, Drugs and Guns on the Mafia Coast*, narra a trágica jornada de mulheres nigerianas traficadas para exploração sexual na Itália.

CRIME SCENE®
DARKSIDE

"Perde-se mais pela indecisão do que
tomando decisões erradas."

— CARMELA SOPRANO —

DARKSIDEBOOKS.COM